www.tredition.de

AF197927

Anne Katrin Meyer

Möglichkeiten der Tierheilung jenseits des Tellerrandes

www.tredition.de

© 2018 Anne Katrin Meyer

1. Auflage
Umschlaggestaltung: Anne Katrin Meyer
Bildnachweis: Anne Katrin Meyer, fotolia.com

Verlag und Druck: tredition GmbH, Halenreie 40-44, 22359 Hamburg

ISBN
Paperback: 978-3-7469-4337-4
Hardcover: 978-3-7469-4338-1
e-Book: 978-3-7469-4339-8

Danke Denise.

Danke an all euch wunderbare Tierseelen, die ihr mich mein Leben lang gelehrt habt.

Laßt uns den Tieren zurück geben, was sie verdienen:

Liebe, Respekt und Heilung.

INHALT

Vorwort

Dieses Buch widme ich all den Tierseelen, die uns Menschen durch alle Zeiten begleitet haben und denjenigen, die unser Leben jeden Tag bereichern, uns mit ihrer Weisheit, Treue, bedingungslosen Liebe und Hingabe zur Seite stehen, damit wir gemeinsam auf unserem Seelenweg voneinander lernen können. Die Verbindung zwischen uns und unseren Tieren soll Freude bereiten, kraftvoll sein und einfach. Einfach SEIN. Damit das so bleibt oder in anderen Fällen wieder so wird, ist es mir ein Herzensbedürfnis, verbunden mit einem ganz persönlichen Dank an meine eigenen treuen Begleiter seit über 40 Jahren, einfache Lösungen anzubieten und einige Wahrheiten auszusprechen, die in unserer Gesellschaft entweder ignoriert oder nur hinter vorgehaltener Hand ausgesprochen werden. Viel altes und nützliches Wissen ist auf dem Weg in eine zivilisierte Gesellschaft verloren gegangen. Zeit, es wieder zu beleben und es weiter zu tragen. An dieser Stelle geht es haupsächlich um unsere Haustiere. Doch auch allen anderen Tierseelen, die in freier Natur leben oder diejenigen, die sich vielen Menschen und unseren Haustieren als Nahrung zur "Verfügung" stellen, sei an dieser Stelle gedankt. In diesem Buch möchte ich Wahrheiten ansprechen, die für den einen oder anderen Leser/in sicher etwas befremdlich klingen, doch zeigt die Praxis der Heilung für Menschen und Tiere, ausserhalb der Schulmedizin, dass diese Themen wichtig sind.

Sie ersparen vielleicht so einigen weiteren Tieren und ihren Menschen lange Leidenswege. **Es geht mir dennoch nicht um eine einzige Wahrheit**, sondern darum, alle uns heute zur Verfügung stehenden Möglichkeiten und Changen zu nutzen. Ein Hand in Hand arbeiten. Wenn wir gemeinsam all diese Möglichkeiten nutzen, die Verbindung der Schul(Veterinär)medizin mit dem Wissen und den Möglichkeiten der Alternativen und Energetischen Medizin, altem Schamanenwissen, dann können wir erstaunliche Erfolge und ebenso einfache Lösungen und Heilungswege erschließen, die über die Vorstellungen des Verstandes hinaus gehen und lange Behandlungszeiten vermeiden. Unabhängig davon kann sich Ihnen als Leser diese Welt von einer anderen Seite offenbaren, die Ihnen helfen kann, das eigene Leben besser zu verstehen oder auch entstandene Traumata aus der Vergangenheit, die mit Ihnen selbst oder mit Ihrem Haustier in Verbindung stehen, besser zu verarbeiten. Die hier im Buch beschriebenen Grundlagen der Heilung sind nicht nur für Tiere, sondern auch für den Menschen relevant. Begeben wir uns gemeinsam auf eine spannende Reise.

Die Tierseele und die Seelenpläne von Haustieren

Tiere sind keine gefühllosen Individuen. Sie haben, genauso wie jeder Mensch, eine Seele. Natürlich und kosmisch gesehen gibt es zwischen den Menschen- und Tierseelen Unterschiede. Während der Mensch hier auf der Erde inkarniert um Erfahrungen auf Seelenebene - als Mensch- zu sammeln, ist er ausgestattet mit einem freien Willen. Dieser freie Wille ermöglicht ihm, ein Leben nach den natürlichen und kosmischen Gesetzmäßigkeiten zu leben. Der freie Wille ermöglicht ihm jedoch auch, diese kosmischen, natürlichen Gesetze zu übertreten. Daraus entstehen dann seine Erfahrungen und Lernlektionen, denen er im Leben gegenübersteht. Er erfährt die Konsequenzen aus seinem Denken und Handeln, die aus einer Einhaltung oder der Überschreitung der kosmischen Gesetze heraus folgen. Ursache und Wirkung. Jeder Mensch kreiert sein eigenes Leben selbst, bewusst oder unbewusst. Jeder Mensch ist ein kraftvoller, machtvoller Schöpfer. Kein Mensch ist je Opfer seiner Umstände, und mögen die Umstände noch so skurril oder dramatisch sein. Bei den Tieren ist es etwas anders. Sie leben ihr Leben lang immer *mit* den kosmischen, natürlichen Gesetzen. Sie besitzen keinen freien Willen, können dadurch aber auch diese Gesetze nicht brechen. Das heißt, sie leben immer natürlich, ihrer Art entsprechend. An dieser Stelle zeigt sich zum ersten Mal die Verantwortung, die der Mensch trägt. Ein weiterer Unterschied: Der Mensch ist ein Aspekt seiner Seele, Tiere (auch Pflanzen) haben Gruppenseelen. Eine Seele ist für den menschlichen Verstand in seiner Größenordnung nicht zu greifen und zu begreifen. Sie ist so "groß", dass sie gleichzeitig auf vielen verschiedenen Ebenen Teile ihrer selbst für Erfahrungen auf den unterschiedlichsten Ebenen der Existenz manifestiert. In multidimensionaler Form. In einer zeitlich- räumlichen Existenz, wie der menschlichen, jedoch zur gleichen Zeit nur eine Manifestation/ ein Aspekt als Mensch. So kann es im Leben eines Menschen geschehen, dass er oft anderen inkarnierten Teilen seiner eigenen Seele begegnet. Das fühlt er auch. Neben der menschlichen Manifestation gibt es allerdings in den Manifestationen in Tierkörpern keine Begrenzung. Je nach Erfahrungen, die eine Seele machen möchte. Ein Seelengefährte als Tier kann durchaus ein Aspekt der eigenen Seele sein. Übergeordnet gibt zum Beispiel den Geist der Hunde, den Geist der Vögel (in unterschiedlichen Aspekten), den Geist der Pferde, den Geist der Löwen u.s.w. In einem Wurf Hunde- oder Katzenwelpen gehören alle Welpen zu einer "Gruppenseele". Dies soll als Information für unsere Themen an dieser Stelle ausreichen.

Der Mensch kommt auf diese Welt mit einem ganz individuellen "Seelenplan". An seiner Seite ist ab dem ersten Tag dieses Lebens ein Tier(geist), ein sogenanntes Krafttier/ Totemtier. Das sitzt ihm nicht physisch auf den Schultern, sondern ist eine Tierseelen*energie*, die dem Menschen mit ihrer Kraft das ganze Leben zur Seite steht. Ein "Schutzgeist", wenn wir ihn so nennen mögen. Das hat nichts mit unseren Haustieren zu tun. Unsere Haustiere wählen uns, da auch sie ihre Seelenpläne mitbringen, wenn sie hier geboren werden. Hierbei geht es um das Seelenwachstum allgemein, genauso wie beim Menschen. Der Mensch ist hier, um auf Seelenebene zu wachsen und Erfahrungen im menschlichen Körper zu sammeln, die wiederum als Erfahrung auf Seelenebene gespeichert wird. Tiere sammeln Erfahrungen in tierischen Körpern in unterschiedlichen Lebensräumen. Unsere Haustiere wie Hunde, Katzen, Pferde (auch einige andere, wie Kühe oder Hausschweine, Esel, Ziegen z.B., die nicht als "Nutztier" gehalten werden) sind oft schon weit entwickelte Seelen, die nun ein Bündnis mit einem Menschen eingehen, damit ein gemeinsames Wachstum auf Seelenebene geschehen kann. Mensch und Haustier profitieren voneinander, egal ob die Erfahrungen zwischen dem Menschen und dem Tier positiv sind oder nicht so positiv. Das ist Evolution. Tiertrainer nennen manche Hunde und Katzen "vermenschlicht". Da haben sie Recht. Doch gibt es aus kosmischer Sicht hier nichts umzutrainieren, da es aus der Sicht des "Kosmos" so gewollt ist. Es ermöglicht der Tierseele, schneller zu wachsen und in nicht allzuferner Zeit ebenfalls als Mensch zu inkarnieren. Das ist Evolution. Sie ist immer vorwärts gerichtet. Es geht nie zurück. Was erfahren wurde, ist erfahren. Zugegeben, wenn ein Mensch zum ersten Mal von diesem kosmischen Konzept hört, mag er sich wundern oder ungläubig die Augen reiben. Viele Haustierbesitzer atmen aber jetzt vielleicht auf, weil sie schon immer gespürt haben, dass ihr Tier mehr ist, als "nur" ein Haustier. Diese Leser/innen können sich jetzt entspannt zurücklehnen. Nun ist es auch bei den Seelenplänen der Haustiere so, dass sie etwas ganz bestimmtes, zu Erledigendes, zu Lernendes auf diese Welt mitbringen. Das können auch, wie beim Menschen, Traumata aus vergangenen Leben sein oder das Fortsetzen von Erfahrungen, die noch nicht gelöst sind. An das kosmische Prinzip der Reinkarnation (Wiedergeburt) glauben viele Menschen erst am Ende ihres Lebens, vor dem großen Übergang. Naturvölker haben einen natürlichen Zugang zu diesem Wissen, in unserer westlichen Gesellschaft stehen die Wissenschaft und die Schulmedizin im Vordergrund. Da ich 18 Jahre selbst in der Schulmedizin tätig war, kann ich absolut verstehen, dass es Mut braucht, sich diesem Wissen zu öffnen.

Abschließend sei zusammengefasst: Haustiere haben einen Plan! Und sie finden ihren Menschen, der zu ihnen passt, wo beide Lebenspläne zusammen passen. Der Mensch findet sein Haustier und damit oft auch seinen Meister. Es ist nie ein Zufall. Nie Zufall, wann. Nie Zufall, was für ein Tier. Zufall nur in diesem Sinne: Zu-ge-fallen.

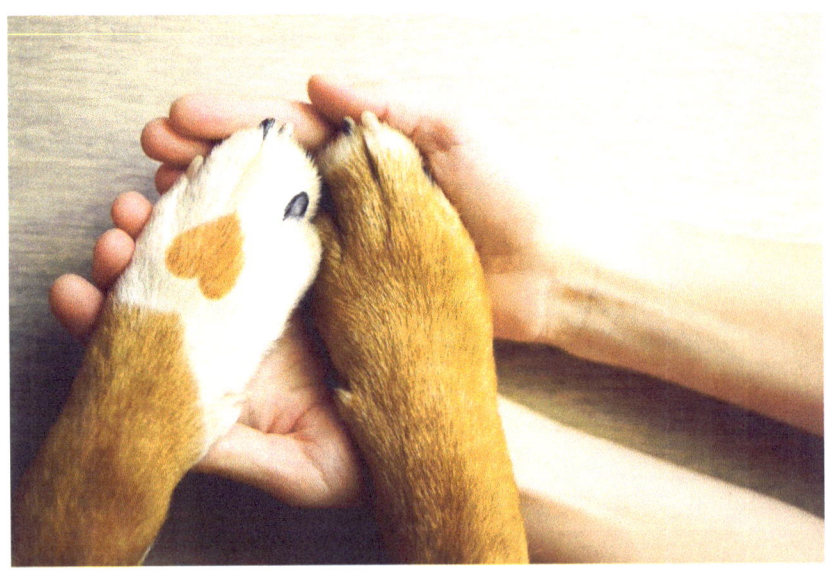

Seelengefährten für ein Menschenleben lang

Haustiere sind sehr flexibel. Sie leben kürzer als der Mensch. Hat sich eine Tierseele einmal einen Menschen ausgesucht, kann es sein, dass sie ihm sein Leben lang treu bleibt, solange, wie dieser Mensch Haustiere betreuen möchte. Das ist nicht immer der Fall, doch bei besonders starken Verbindungen zwischen Mensch und Tier, was sich für den Menschen auch wie eine Seelenverbindung anfühlt, kann es so sein. Das bestätigen viele meiner Klienten. Natürlich liebt jeder Tierbesitzer sein Tier, doch kann es große Unterschiede geben. Machen wir einen kleinen Ausflug in ein lebendiges Beispiel.

Seit über 40 Jahren lebe ich mit Haustieren. Als Kind bin ich einer ländlichen Kleinstadt aufgewachsen. In unserem Haus wohnten alle Generationen unter einem Dach. Daran angeschlossen war ein großes Grundstück. Es war damals üblich, dass jeder, der einen Garten besaß, auch Obst- und Gemüse- Anbau betreibt und/ oder Tiere hält. Ein artgerechtes Halten von Nutztieren und artgerechter Anbau von Lebensmitteln - für die Menschen und Tiere des Hofes. Auch die Nahrung für die Tiere kam vom eigenen Grudstück. Trotz der vielen Tiere war nie ein Tierarzt notwendig, die Tiere und Pflanzen waren gesund. Unter den Tieren, die alle meine Freunde waren, war auch mein Kater Schnoddy, den ich innig liebte. Leider wurde er von einem Auto auf der Straße nebenan überfahren, was für mich als Kind ein schweres Trauma war. Er brachte mich zum Hoftor, wenn ich zur Schule ging und saß am Hoftor, wenn ich nach Hause kam. Wir beide konnten wortlos reden, auch wenn Schnoddy ständig schnurrte (deshalb der Name). Der Verlust von Schnoddy hat in mir ein Trauma verursacht, was damals als solches nicht erkennbar war. Das Leben geht weiter. "Die Zeit heilt alle Wunden", das stimmt so nicht ganz. Das erlebte Trauma und all die schweren Gefühle dazu wandern in das Unterbewusstsein, werden dort, sagen wir zur besserern Verständlichkeit "von der Seele", sanft eingebettet und vorerst "gedeckelt", damit das Leben weiter gehen kann. Mein Leben ist weiter gegangen, doch war ich nicht mehr das Kind wie zuvor. In mir war immer eine latente Traurigkeit, die sich ohne bestimmten Anlass zeigte und eine starke Verlustangst, von der ich ebenfalls keine Ahnung hatte, woher diese wirklich kam. Diese Verlustangst hat bis in das Erwachsenenalter hinein gewirkt, ebenso die Traurigkeit. Obwohl ich seitdem immer wieder andere Tiere an meiner Seite hatte. Dieses innige Verhältnis, wie zu Schnoddy konnte ich bei keinem anderen Tier wieder empfinden. Irgendwann kommt nun die Zeit, in der die alten Traumata und Wunden geheilt werden wollen. Das ist bei jedem Menschen so. Die Seele wartet, bis die Reife des Menschen da ist, die alten Wunden zu heilen. Ob Schnoddy je wieder bei mir war, konnte ich lange Zeit nicht wirklich herausfinden, da ich emotional viel zu sehr in die Sache eingebettet war, doch eines Tages wendete sich das Blatt. Wir hatten derzeit zwei Schäferhunde. Mara und Santo. Mara holten wir als Welpen, Santo aus dem Tierheim später dazu. Mara war fast 12 Jahre alt, als sie plötzlich umfiel, 2 Stunden schwer atmete und in der Nacht verstarb. Santo hat das nie verwunden und starb 8 Monate nach ihr, er wollte bei ihr sein. Es war ein komisches Gefühl und eine Ruhe zu Hause. Fast unerträglich. So fasste ich schnell den Entschluss, wieder einen Hund zu holen. Seitdem ich laufen kann war mein größter Wunsch, einen Neufundländer an meiner Seite zu haben. Doch bin ich immer Kompromisse eingegangen im Leben, da meine Familie dem nie zugestimmt hat. Jetzt stand mein Entschluss fest. Ein Neufundländer oder ähnliches. Mein Geist war voller Freude erfüllt, deshalb kam vom "Universum" schnell ein Angebot. Eine Anzeige, ganz "zufällig" (zu-gefallen): "6 Monate alter Leonberger- Rüde in liebevolle Hände abzugeben...". Kurzum: Kennlerntermin gemacht, hingefahren und als neues Familienmitglied auserkoren. 3 Tage später kam die Nachricht der Familie: "Wir können ihnen den Hund nicht geben, wir wollen ihn doch selbst behalten." An dieser Geschichte zeigt sich gut, wie wir im Leben geführt werden, wenn wir vertrauen. Ich vertraute und blieb bei meiner Entscheidung. Nun lag wieder zufällig eine Wochenzeitung auf dem Tisch, die ich sonst nie lese. Doch an diesem Tag zog mich eine Kraft so sehr, einen Blick hinein zu werfen. Und siehe da, eine kleine Anzeige: "7 Monate alte Bernhardiner- Hündin abzugeben". Hmm. Bernhardiner. Das war nicht so mein Fall, ich fand immer, dass sie so traurig aussehen. Aber das passte ja wieder zu mir. Ich war ja auch traurig. Mein Mann, mein Sohn und ich waren uns einig: Wir sehen uns die Hündin doch mal an. Wir planten einen Tag Urlaub ein und fuhren nach Thüringen. Mal schauen. Wir kamen an, die Züchterin, der ich heute noch sehr verbunden und dankbar bin für diesen gesunden Hund, brachte sie an der Leine auf die Wiese vor dem Hof. Da stand sie nun. Denise. Ein kleines Kälbchen, 7 Monate und 55 Kilo. Sie hob ihren Blick und da war es geschehen. Um unser aller Herz. Was ich in ihren Augen sah, kann ich bis heute nicht in Worte fassen. Es ist etwas auf Seelenebene geschehen. Denise kam an diesem Tag gleich mit uns nach Hause. Es war nichts vorbereitet. Wir mussten aus der gegebenen Situation das Beste machen. Die erste Nacht habe ich mit ihr im Wohnzimmer verbracht. Besser gesagt auf einer Couch. Bernhardiner sind Sofa- und Betthunde, wenn sie nicht in den Bergen in der Schweiz leben. Das hat sie mir gleich klar gemacht. So war das nicht geplant. Ab diesem Tag war nichts mehr wie zuvor. Nach dieser ersten Nacht waren wir unzertrennlich. Sie folgte mir am nächsten Morgen ins Bad, in dem man sich selbst kaum drehen kann und hat sich ganz klein gemacht in der Ecke. Überall, wohin ich ging, folgte sie. Alles, was ich tat, beobachtete sie und sie schuf ihre Hundeordnung im Haus. Sie kontrollierte die Mülleimer, sortierte die Socken von meinem Sohn neu, und half, wo sie konnte, um die gewohnte Ordnung im Haus neu zu gestalten. Oft habe ich gesagt, dass wir einen Bernhardiner mit Abitur haben. Sie kannte die Schichtpläne meines Mannes und weckte ihn regelmäßig 2 Minuten, bevor der Wecker klingelte. Alle familiären Abläufe waren ihr nach wenigen Wochen klar und sie richtete ihre Bedürfnisse danach aus. Was immer auch passierte, was immer auch für Schäden entstanden sind, ich konnte ihr nie böse sein. Sie hat die ganze Familie verändert mit ihrer bedingungslosen Liebe und der Liebe zum Chaos. Sie war meine Heilerin, die mich wieder auf meinen Weg gebracht hat. Sie hat mich gelehrt, worauf es im Leben wirklich ankommt. Das ist die Aufgabe von Hunden. Sie helfem ihrem Besitzer, das Herz zu öffnen und mitfühlender zu werden als Mensch- und gelassener. Katzen hingegen spiegeln ihren Besitzern ihre eigene Eigenwilligkeit, sind Botschafter der Selbstbestimmung und helfen dem Menschen, negative Verhaltensmuster zu erkennen, zu heilen und negative Energien zu transformieren. Allein ihr Schnurren ist eine Vibration (was Energien allgemein sind), die das Energiefeld des Menschen in einen lichteren Energiezustand versetzen kann. Leider absorbieren sie oft negative Energien, wenn es zuviel wird. Was sie dann noch eigenwilliger macht. Doch dazu später.

Denise hat unser Familienleben sehr bereichert für fast 12 Jahre und ist ein Seelenpartner für mich gewesen. In Denise ihrem letzten Lebensjahr ging es mir nicht gut. Viele Dinge aus meiner Vergangenheit wollten nun in eine tiefe Heilung gehen, die Denise mit vorbereitet hat. Ein gemeinsamer Seelenplan. Es kam alles auf einmal. Denise versuchte mir Einiges davon abzunehmen und wurde dabei selbst krank. Es war klar, dass der Abschied nahte. Vor diesem Moment habe ich immer Angst gehabt. Ich konnte jetzt Santo verstehen. Mitten in dieser für mich schweren Zeit, in der ich sehr krank war, musste ich sie gehen lassen. Da hat Denise mir geholfen, das Schnoddy- Trauma zu heilen und nun blieb ein noch größeres. Da ich mir sicher war, dass so eine Verbindung nie wieder zustande kommen kann, egal, wie viele Hunde ich noch betreuen werde, haben wir nach einiger Zeit entschieden, einem Tierheimhund ein neues Zuhause zu geben.

Über "Bernhardiner in Not e.V." kam Amy in unser Leben und unser Heim. Die Geschichte dieses Zusammenfindens ist genauso "zufällig" wie die mit Denise. Wir sahen ein Bild und wussten, sie und keine andere. Irgenwie fühlte es sich an, wie eine alte Bekannte. Was es war, wussten wir da noch nicht. Sie war so ganz anders als Denise und vom ersten Moment an ein "Papa-Kind". Nun durfte ich zusehen, wie sich zwei andere Seelen (wieder)gefunden haben. Ich war und bin der Koch und Staubsauger. Bis immer öfter ausversehen der Name Mara fiel, wenn mein Mann Amy rufen wollte. Aha. Da war es raus, was ich schon öfters spürte. Zeit, mal genauer hinzusehen. Mara war damals auch ein "Papa- Kind". Und: bei genauer Betrachtung, ja, Amy benimmt sich auch wie Mara. Sie hat dieselben Augen wie sie, ein dicker Sturkopf. Sofort bei ihrem Eintreffen bei uns kannte sich aus auf dem Hof, sie musste nichts neu kennenlernen, fand gleich ein Sofa im Haus, was ihr gefiel und Hunger hat sie immer 18:00, sonst nicht. Alles, wie selbstverständlich. Tagsüber reichen mir Kuchen und Kekse, wenn ich darf. Mara war ihrzeit damals ein Kuchendieb. Amy lernte bei Fuß gehen, in dem man beim Bäcker nebst den Brötchen ein Stück Kuchen gekauft hat und dies eingepackt in der Hand hielt, wo sie laufen sollte. Wenn ein neuer Hund oder Welpe in ein Haus kommt ist es eher üblich, dass das neue Revier gründlich abgeschnüffelt und kennen gelernt wird, doch eben nicht so bei Amy. Es war alles klar. Mara ist zurück, inkarniert als Amy. Wie geht das, werden viele nun fragen. Der Kosmos ist sehr intelligent, vorausschauend im wahrsten Sinne des Wortes, da außer in der Wahrnehmung unserer menschlichen Existenz Raum und Zeit nicht existieren, ein ganz natürlicher Vorgang. Die Vergangenheit, die Gegenwart und die Zukunft sind nicht zeitlich getrennt. Es gibt Möglichkeiten und Wahrscheinlichkeiten, diese wiederum ergeben sich aus dem Jetzt- Moment. Bei einer Aktion im Jetzt- Moment entsteht "automatisch" eine Wahrscheinlichkeit. Und auf eben diese reagiert der Kosmos mit "Zufällen" und neuen Erfahrungsebenen. Nachdem Amy nun eineinhalb Jahre bei uns war kam in mir doch der Wunsch auf, auch einen Hund an meiner Seite zu haben. Bei Amy zählt nur ihr Papa. So begann ich, heimlich nach einem Welpen für mich zu suchen und den Rest der Familie vor die Tatsachen zu stellen. Das war nicht so einfach. Zu diesem Zeitpunkt war in ganz Deutschland gerade kein Bernhardinerwelpe zu haben oder die Welpen der wenigen Züchter bereits vergeben. Ich rief trotzdem bei 2 Züchtern an und sprach ihnen auf den Anrufbeantworter. Sollte der Käufer eines Welpen zurücktreten, dann bitte ich um Gehör. Jetzt musste ich loslassen. Loslassen von meinem Wunsch, unbedingt gleich einen Welpen zu bekommen. Was ist passiert? Nach ca. 2 Wochen erhielt ich einen Anruf von einem Züchter, den ich nicht persönlich, sondern nur durch den Anrufbeantworter kannte. Er sagte, dass seine Welpen alle Herrchen und Frauchen gefunden haben, aber ein Kollege von ihm hätte noch 2 Welpen abzugeben. Er hat bereits mit ihm telefoniert und ihm gesagt, dass ich mich melde. Ich solle gleich anrufen. Wow. Das war alles schon ausgemacht, ohne mich? Ja. Ich rief sofort an, der Züchter wartete schon auf meinen Anruf. Wir unterhielten uns eine ganze Weile und machten einen Kennlerntermin, um uns zu entscheiden, ob einer seiner Welpen für mich passt. In diesem Moment, da alles so perfekt arrangiert schien, kam schon ein Kribbeln in meinen Körper und ich musste grinsen, weil ich eine Ahnung hatte. Diese Ahnungen haben immer gestimmt. Ahnungen sind ein Wink unserer Seele. Sie kann sich am besten über unser Bauchgefühl Gehör verschaffen. In unserem Bauch haben wir eine Art Navigationssystem. Das Grinsen ging nicht mehr aus meinem Gesicht und so wusste mein Mann, das was in der Luft liegt. Natürlich sind wir in den Norden Deutschlands gefahren, 500 Kilometer, um einen Welpen anzusehen. Was macht man sonst mit freien Tagen? Es war wunderschönes, sonniges Wetter. Mitten im Frühling. Eine große grüne Wiese - und zwei fünf Wochen alte Bernhardinerwelpen, die noch nicht wussten, wie Beine richtig zu gebrauchen sind. Mein Wunsch war eine Hündin. Die zwei Welpen waren eine Hündin und ein Rüde. Was nun? Zwischen der Hündin und mir war keine Verbindung. Mein Mann und ich standen vor den zwei Rackern und zeigten plötzlich und zeitgleich auf den Rüden, zeitgleich entglitten uns die Worte: "Er ist es." Der Züchter lächelte und sagte, "Ja, das ist eine gute Wahl." Higgins. Ein Weißköpfchen. Ihm fehlt die typische Maske. Aber er ist es. Er hatte zu diesem Zeitpunkt kein großes Interesse an uns, er war müde, deshalb hatte ich leise Zweifel, aber das Bauchgefühl war richtig. So fuhren wir guter Dinge als werdende Hunde- Eltern wieder nach Hause. Wir bereiteten alles gut vor, nicht wie sonst, Hals über Kopf. Ende Juni, wieder ein schöner sonniger Tag, war es soweit.

Higgins war 9 Wochen alt und konnte nun abgeholt werden. Wir machten uns wieder auf den Weg in den Norden, Amy mit an Bord im Auto. Higgins war schon vorbereitet und sprang im Vorgarten des Züchters herum, pflückte Blümchen und machte sich einen Spaß daraus. Amy beäugte Higgins und schien leicht genervt. Na los, rein ins Auto. Amy sprang ins Auto und Higgins, der gerade noch Blümchen pflückte, versuchte heimlich an der anderen Seite des Autos mit seinen kurzen Beinen reinzukommen. Das war schon merkwürdig. Wusste er bereits, wie die Dinge jetzt ablaufen? Hatten wir wieder einen Hund mit Abitur? Schien so. Wir hoben Higgins ins Auto. Wie selbstverständlich legte er sich neben Amy auf die Rücksitzbank, die umgelegt war und wartete, dass es los geht. Kein Mucks, keine Unruhe, als ob er das Prozedere schon kennt. Die ganze Fahrt ohne Probleme. Er schien Autofahrten zu mögen. Beim Zwischenstopp an einer Tankstelle gab er sich, als ob er schon Jahre zur Familie gehört. Zuhause angekommen waren wir darauf vorbereitet, dass Higgins erst mal alles abschnüffelt und sich orientieren muss. Wir haben extra eine kleine Rampe für seine kurzen Beine an den Treppen ins Haus bereit gestellt. Aber nix da. Autotür auf, und Higgins war weg. Keiner hat gesehen, wohin er so schnell gelaufen ist. Plötzlich kam er von der oberen Etage im Haus gestolpert, wo er im Flur oben ein Pfützchen machen musste (genau an der Stelle, wo sich Denise mal erleichtert hat). Nichts mit schnüffeln und orientieren. Higgins kannte das Haus genau. Nichts war für ihn neu. Wenn er nicht wie ein Welpe ausgesehen hätte, hätte man glauben können, dass er schon Jahre hier wohnt. Er wusste, wie er zur Terrasse rein kommt, wusste, wo der Teich war, wusste, wo die alte Ledercouch stand, auf die er sofort drauf wollte. Wie er das mit den kurzen Beinen hinbekommen hat, weiß kein Mensch, aber er hat es geschafft. Diese Couch war Denise ihre, die Amy nun mit genutzt hat. Higgins legte sich schlafen und Amy stand ungläubig davor. Denise war also wieder zu Hause. In den kommenden Wochen und bis heute bestätigte sich dies. Der Unterschied: Higgins ist ein Rüde und hat Abitur++. Er hat den Spitznamen "Schlaumeyer". Wir können nun telepathisch kommunizieren. Nichts bleibt diesem Geist verborgen. Oft flüstern wir im Haus, aber der Kerl versteht trotzdem alles. Bei dem Wort oder allein dem Gedanken "Fahren" sind 95 Kilo Hund außer Rand und Band. Auto fahren ist das Größte überhaupt. Denise saß gern im Auto direkt hinterm Lenkrad, auf dem Hof, stundenlang. Sie liebte Autofahren. Amy und Higgins haben nun einen eigenen Bus, der sich ohne sie nicht in Bewegung setzen darf. Die Intelligenz dieses Tieres hat sich um ein Vielfaches potenziert. Unsere Seelenverbindung ist wieder (Körper)lebendig. Diese alte Tierseele ist zurück und mit ihr Heilung des damaligen so schmerzvollen Abschiedes, sowie eine Zeit des Lernens und neuer Lebenslektionen. Higgins ist ein Werkzeug der spirituellen Welt, die ihn nutzt, mir tiefgreifende Lektionen und universelles Wissen zu vermitteln, um es in der Praxis zur Heilung anzuwenden, einfach nur zu verstehen, oder auch, um Wissen weiter zu geben. In einer Nacht, einem Moment, wo ich nicht wusste, ob Higgins stirbt oder weiter leben wird, habe ich an seinem lebendigen Beispiel sehen und verstehen dürfen, wie ein "Walk in" funktioniert (Seelentransfer) und so einige andere Dinge. Diese Erfahrungen lassen mich tief in ein Vertrauen und Glauben zum Leben und seine Gesetzmäßigkeiten eintauchen, da ich dadurch weiß, dass wirklich alles möglich ist....wenn der Mensch glaubt, auf sein Herz hört und den Verstand/ Logik zähmt. Das ist Wissen-schafft, mit dem Herzen zu sehen.

Beispiele wie die von Amy, Mara, Denise und Higgins gibt es überall und ständig. Menschen, die sich in Geduld und der Führung ihres "Bauches/ Herzens" üben, werden Erfahrungen sammeln und Glück finden, wo sie es nie vermutet haben. In Gegenwart ihrer Tiere, die lang bekannte Seelen sind.

Das Energiefeld mit der Blaupause und dem Bauplan des Körpers

Jedes Lebewesen, ob Mensch, Tier, Pflanze, Baum, Steine, materielle Ausdrucksformen - Alles ist Energie. Alles hat ein energetisches Feld. Wir beschränken uns hier auf das Energiefeld von Mensch und Tier. Dieses feinstoffliche Energiefeld ist ein Lichtkörper und besteht aus mehreren energetischen Körpern, ähnlich einer russischen Matroschka. Jeder davon schwingt in einer anderen Schwingungsfrequenz, hat feinstoffliche, energetische Organe, genauso wie der physische Körper seine feste Struktur und seine Organe. **Einer** dieser feinstofflichen Körper, die **Mensch und Tier** umgeben, ist die sogenannte "Blaupause". Sie ist die Schnittstelle, ähnlich wie eine Computer- Festplatte, auf der alle Daten gespeichert sind. Jede einzelne Körperzelle, jedes Organ, alles, was ein Wesen ausmacht, findet hier einen energetischen Abdruck. Der physische Körper orientiert sich an der Blaupause und manifestiert den Körper genau so, wie es dort gespeichert ist. Das heißt: Die Blaupause ist entscheidend für den Ausdruck und die Gesundheit eines Körpers. Das heißt weiter: Alle Fehlprogrammierungen, Abdrücke für Krankheiten, Schäden durch Lebensweisen und falsche Ernährung, Gifte, Genetische Abdrücke und die Daten der Lebenserfahrungen sowie emotionale/ mentale/ traumatische Erinnerungen sind ebenfalls auf der Blaupause gespeichert. So, wie ein Computer von Viren befallen werden kann, was das ganze System beeinflusst, können giftige energetische Abdrücke in der Blaupause das ganze System beeinflussen und Abläufe stören. Bei Mensch und Tier. Zum besseren Verständnis kann man sagen: Die Blaupause im Energiefeld ist das Original und der Körper ist die Kopie. So gut, wie das Original ausgearbeitet ist, ist auch die Kopie. Hat sie "Tippfehler, dann sind diese auch in der Kopie zu sehen. Ist sie rein und klar, grammatisch perfekt, ist es auch die Kopie. In dieser energetischen Blaupause ist alles, was ein Wesen jemals ausgemacht hat und heute ausmacht, gespeichert. Jede Inkarnation. Alle bisher gesammelten Erfahrungen. Wir und auch unsere Tiere tragen uns also immer als Ganzes, was und wer wir wirklich sind, mit herum. Das ist unsere Ganzheit. Wenn es um Heilung geht, dann muss diese Ganzheit immer berücksichtigt werden, ebenso wie die einzelnen Schichten der Energiekörper, von denen jeder seine Besonderheiten hat.

Genau deshalb kommt es manchmal vor, dass Menschen Hilfe suchen, sich aber nicht trauen, sie in Anspruch zu nehmen. Entweder für sich selbst oder auch für ihre Tiere. Der Grund dafür ist die Angst, sich zu offenbaren und die Angst, dass ich etwas sehen und erkennen könnte über sie, was sie lieber verbergen würden. Oder sie fürchten sich vor den Gründen, die ihre Tiere erkranken lassen haben, weil sie ihnen etwas abnehmen wollen. An dieser Stelle kann ich jeden beruhigen und sagen, dass diese Angst unbegründet ist. Wenn Heilung geschehen soll und darf, dann ist es wichtig, die Ursachen genau zu erkennen. Nur durch das Erkennen der Ursachen sind Lösungen möglich. Als Heiler kenne ich keine Moral. Ich arbeite und lebe nach höchst ethischen Richtlinien. Und: Ich greife nie ungebeten in einen Seelenplan ein. Doch die menschengemachten Moralvorstellungen, die gehen mich schon lange nichts mehr an. Weder ein Beurteilen noch ein Verurteilen eines Menschen und seines Lebens/ Lebensstils ist mein Ansinnen. Wir alle sind Menschen, hier auf der Hochschule Erde, und haben eine Menge zu lernen. Jeder das Seine und auf seine Art. Das Leben und Lernen an sich bringt mit sich, dass wir Fehler machen, hinfallen, aufstehen müssen, uns neu orientieren, wir wieder lernen müssen und dabei doch immer mehr erkennen und daran wachsen. Wer keine Fehler macht, gelangt nicht zu Weisheit. Was ich heute in vielen Dingen weiß, ist, wie es nicht geht. Weil ich viele Fehler gemacht habe. Das ist eben mein Fundus heute, meine Stärke, da ich so manche Lösung kenne. So sehe ich jeden Menschen in Respekt und Achtung, egal, was gerade los ist, als Wanderer auf dem Weg der Erkenntnis, der sich mal kurz verlaufen hat. Wenn ich jemandem dabei helfen kann, wieder den Weg zu finden, ist es schön. Ich diene gern.

Was bedeutet ganzheitliche Heilung und warum es bei medizinischen, homöopathischen Behandlungen und auch heilpraktischen Heilmethoden Grenzen gibt - uraltes Wissen und einfache Lösungen

Bleiben wir noch bei der Blaupause. Wie angesprochen, ist sie die Kopiervorlage für den Körper. Wenn der Körper sich an der Blaupause orientiert und sich entsprechend dieser manifestiert, macht es wenig Sinn, nur am Körper zu arbeiten. Am Körper selbst kann man nur Symptome behandeln. Nicht heilen. Die Behandlung von Symptomen erfolgt durch die Schul/ Veterinärmedizin. Sie kann Schmerzen lindern, den physischen Körper behandeln, lebenswichtige Operationen durchführen, bei Unfällen oder internistischen Notfällen helfen und am Ende eines Weges den Übergang sanft gestalten. Sterbebegleitung. Doch all das ist Behandlung, noch keine Heilung. Wenn man glaubt, dass die Schulmedizin heilt, ist es in etwa so, als ob man einen Tippfehler in der Kopie korrigieren möchte. Die Kopiervorlage hat den Fehler dennoch. Bei jeder nachfolgenden Kopie ist der Fehler wieder drin. Das ist der Grund, warum oft nach Behandlungen entweder die gleiche Problematik wieder auftritt oder sich eine neue "Krankheit" manifestiert. Bei Tumoren oder Krebs wird von Metastasen gesprochen. Aus energetischer Sicht ist das nicht so. Es ist jedesmal eine Neumanifestation eines

Was bedeutet ganzheitliche Heilung und warum es bei medizinischen,
homöopathischen Behandlungen und auch heilpraktischen Heilmethoden Grenzen
gibt - uraltes Wissen und einfache Lösungen

Tumores. Weil: Die Ursache nicht behoben ist. Und die liegt: In der Blaupause, fest verankert. Bis sie geheilt bzw. die Abdrücke bereinigt sind. Sehen wir uns Tumore an. Sie sind ein massiver Energiestau. Krebs/ Tumorzellen lieben Energie. Je mehr sie davon bekommen, desto größer werden sie. Es reicht nicht, den Tumor zu entfernen. Der Energiestau muss behoben werden und zeitgleich der Abdruck im Energiefeld, also die Ursache. Die gestauten Energien müssen abgeschöpft werden. Da ich nicht selten die letzte Instanz bin, habe ich es leider schon oft erlebt, dass vorab konsultierte Heiler hier noch Energie zugeführt haben. Die Heiler wissen meistens nicht, dass sie dadurch den Tumor verstärken, da Tumorzellen ja Energie lieben. Damit beschleunigt man den Tod des Körpers, da sich nun die Tumorzellen extrem schnell vermehren können. Generell sind es Energiestaus, die zu Krankheiten im Körper führen, und nicht Energiemangel. Pauschal angewandte Energieheilung, ohne genau zu wissen, mit welchen Energien man arbeitet, allein mit dem Vertauen zum Universum, kann gefährlich sein. Alternatives Heilen ist also nicht immer die Alternative. Homöopathische Behandlungen setzen ebenfalls nur am Körper an. Heilpraktische Methoden sind da schon ganzheitlicher und beziehen die energetische Ebene mit ein. Was bei dieser Methode zu kurz oder garnicht zum tragen kommt ist die Thematik Fremdenergien, über die wir später noch sprechen werden.

Die energetische Bereinigung von Krankheitsabdrücken im Energiefeld erfordert Wissen und Erfahrung. Jeder Arzt braucht Kenntnisse in Anatomie und Physiologie des Körpers. Ein Heiler braucht dazu auch das Wissen um die Anatomie und Physiologie der Energiefelder und das Wissen, wie der Kosmos funktioniert. Denn die enegetischen Abdrücke sind nichts, was man rausschneiden oder mit Medikamenten irgendwie absorbieren kann. Das Energiefeld ist ein Schwingungsfeld. Abdrücke sind negative Schwingungsmuster. Grundsätzlich kann nichts, was erschaffen ist, rückgängig gemacht werden. Es kann nur transformiert, umgewandelt, in eine positive Schwingung gebracht werden. Der Körper besitzt Selbstheilungskräfte. Er ist ein universelles Meisterwerk. Bevor er Krankheitssymptome zeigt, sind die Abdrücke für Krankheit schon viel länger im Energiefeld "eingebrannt". Erkennt man diese, bevor sie sich manifestieren und bereinigt sie, wird die Krankheit garnicht erst bis auf die Ebene des Körpers kommen. Wenn sich ein erkrankter Körper selbst heilen möchte, dann setzt als erstes ein intensiver Reinigungsprozeß ein. Die Vorzeichen sind: Niesen, Husten, Augenbrennen, Tränenlauf, Fieber, Entzündungsprozesse, Müdigkeit, Schlappheit, bei Tieren oft Rückzug oder Verhaltensänderungen. Behandelt man zu früh mit Medikamenten, wird die Selbstheilung des Körpers unterbrochen. Sind Prozesse schon sehr weit fortgeschritten, braucht es manchmal eine Kombination von Behandlungen. Hier sollte Hand in Hand gearbeitet werden, sofern die Mediziner offen sind und das Beste für ihre Patienten wollen. Ich selbst habe das Glück, dass ich für unsere Tiere ein Team von Tierärzten und Helfern an der Seite habe, die sehr offen sind für die ganzheitliche Genesung ihrer tierischen Patienten. An dieser Stelle möchte ich mich bedanken für die langjährige vertrauensvolle, herzliche Zusammenarbeit.

Bedenken muss man an dieser Stelle auch, dass Tiere sehr viel Schmerzen aushalten, ohne sich bemerkbar zu machen. Hier ist immer die Sensibilität und Beobachtung des Tierhalters gefragt. Schmerzzustände sollten nicht übergangen werden. Halten sie zu lange an, setzen sie Traumata in der Tierseele.

Wie kann Heilung erfolgen? Die uralte Energiemedizin hat sich bis heute nicht verändert und bietet nach wie vor "einfache" Lösungen von Problemen. Je einfacher eine Methode, desto wirkungsvoller. Darüber bin ich immer wieder aufs Neue erstaunt. Es braucht Kräfte, die sich auskennen, wie die Heiler der feinstofflichen Welt, ich nenne sie gern die leuchtenden Heiler, die ein menschlicher Heiler, der mit ihnen arbeitet, persönlich kennen sollte. Ohne sie wären solche Heilerfolge nicht möglich. Für die meisten Menschen sind sie nicht sichtbar. Menschen, die sehr sensibel und offen für andere Wege im Leben sind oder einen gesunden Glauben haben, können sie jedoch sehr oft spüren. Sie erfahren ihre Präsenz. Die leuchtende Welt der Spirits offenbart sich meist nur demjenigen, der sich ihr öffnet. Vor allzu viel Spielerei, möchte ich jedoch warnen. Die Welten außerhalb der mit menschlichen Sinnen wahrnehmbaren, können gefährlich sein.

Nun fehlt noch eine wichtige Schnittstelle: Es ist wichtig, dass es einen Mittler zwischen diesen Welten gibt. Jemanden, der sich für diese lichtvollen, heilenden Kräfte als Werkzeug zur Verfügung stellt. Einen, der sich mit den Energien, den Gesetzmäßigkeiten des Kosmos und der Natur, der Materie und Körperlichkeit auskennt, die Schwingung und den Raum für die Zusammenarbeit herstellen kann. Ein Wanderer und Vermittler zwischen den Welten. Das sind Schamanen, und diese Mittlertätigkeit ist ihre/ meine Aufgabe. Arbeitsteilung, wie im klassischen menschlichen Berufsalltag.

Heilung besteht aus mindestens 3 Elementen: 1. Das Clearing (Klärung/ Reinigung) und Extraktion von schweren Energien. 2. Die Bereinigung der Krankheitsabdrücke in den energetischen

Körpern/ Blaupause. 3. Der Illumination (Erleuchtung) der entsprechenden Energiezentren. 4. Balancierung mit den Elementen. Dazu braucht der physische Körper nicht vor Ort präsent sein. Das Energiefeld ist nicht an Raum und Zeit gebunden. Es reicht der Energiekörper, der ohne Mühe an den Ort geholt werden kann, wo die Heilsitzung stattfindet. Umgangsprachlich "Fernheilsitzung" genannt. Voraussetzung: Das Tier liegt ruhig an seinem Platz, ob Wohnung oder Stallung, bereits eine viertel Stunde vor dem Termin und wird für die Dauer der Heilsitzung beobachtet bzw. ist betreut. Katzen und kleine Hunde jedoch nicht in den Armen oder auf dem Bauch ihrer Besitzer.

Die Elemente - die Baustoffe eines Körpers und warum Heilung nicht ohne die Ausbalancierung der Elemente erfolgen kann

Die Elemente sind lebendige Wesenheiten, lebendige Energie. Jeder physische Körper kann nur durch die Elemente Erde, Feuer, Wasser und Luft hier auf der Erde manifestieren.

Erde – mein Körper

Wasser – mein Blut

Luft – mein Atem

Feuer – mein Geist

Die dichte Substanz der Knochen und Gewebe besteht aus dem Element Erde. Über 70% des Körpers besteht aus dem Element Wasser. Um zu leben, muss ein Körper atmen. Steht der Atem still, stirbt der Körper. Das Element Feuer sorgt für die Körperwärme, den Stoffwechsel und Lebensenergie. Würde eines der Elemente fehlen, wäre kein Körper lebensfähig. Sind die

Elemente eines Körpers in ihrer Balance, ist er gesund und leistungsfähig. Sind sie nicht in Balance, erkrankt er oder kann seine gesunde Funktion nicht erfüllen. Auch wechselwarme Tiere können dauerhaft ohne das Element Feuer nicht überleben. Bei Wassermangel dehydriert der Körper und die Organe versagen. Ist das Element Erde nicht in Balance, ist der Knochenbau in Gefahr, Sehnen, Muskeln, Gelenke funktionieren nicht mehr richtig. Egal, wie wir es drehen und wenden, für einen gesunden Körper sind die Elemente wichtig. Das fünfte Element, der Äther, gehört zum Geist. Alles, was existiert hat Bewusstsein, in ihm steckt ein Geist. Selbst im Stein. An den kurzen Beispielen zeigt sich, wie wichtig die Elemente für unser körperliches Leben sind. Nehmen wir nun alles zusammen, zeigt sich in seiner Ganzheit, dass wirkliche Heilung allein mit Medikamenten oder Substanzen, Behandlungen auf Körperebene, Energie oder auch psychologischer Arbeit nicht geschehen kann. Vielleicht kann kurz- bis mittelfristig Erleichterung eintreten, doch kommt der Tag, da zeigt sich wieder etwas. Etwas Altbekanntes oder Neues. Naturvölker sind sehr gesund. Sie leben ihr ganzes Leben mit den Elementen und haben das Wissen von Energie, den Elementen und den Gesetzen des Kosmos nie vergessen. Sie wissen auch: die Natur, der Kosmos mit seinen natürlichen Gestzmäßigkeiten hat alles hervorgebracht, was Lebewesen auf der Erde benötigen. Nahrung, Rohstoffe und auch die entsprechenden Möglichkeiten der Heilung, sofern etwas ausser Balance gerät. Diese alten Heilmethoden und das Wissen darum ist in manchen Teilen der Welt noch sehr lebendig. Es ist so **einfach**, dass viele "zivilisierte" Menschen daran nicht mehr glauben können. Einer der Gründe, warum es im Gesundheitswesen immer komplizierter geworden ist. Das Gras wächst einfach, Pflanzen wachsen einfach, in der Natur regeneriert sich alles einfach (bewusste Zerstörung ausgenommen). Zurück zur Einfachheit und Natürlichkeit ist die

Devise. In allen Lebensbereichen, besonders bei Angelegenheiten wie der Heilung. Das spart eine Menge Aufwand und Energie, deren Bestandteil auch Geld ist. (Und genau deshalb wird nicht vereinfacht)

Das Arbeiten mit den Elementen, die ebenfalls aus Energie bestehen, kann viele Heilungsprozesse unterstützen oder gar erst möglich machen. Das ausdehnende Element Feuer ist das Element mit der höchsten transformierenden Kraft. Mit ihm ist es möglich, angestaute Energien, wie zum Beispiel bei Tumoren, zu transformieren. Das Beheben von Energiestaus, die Blutreinigung von Viren und Bakterien, die dafür sorgen kann, dass Antibiotika weniger zum Einsatz kommen müssen. Antibiotika belasten den ganzen Körper, zerstören die Darmflora und haben einen Einfluss auf das Immunsystem. Je weniger davon gebraucht wird, desto besser. Und nicht zuletzt ist dieses Element in der Lage, negative Energien, Fremdenergien und Elementale zu transformieren.

Nehmen wir uns das Element Wasser. Es ist, genau wie das Element Feuer, eine lebendige Wesenheit. Es wirkt zusammenziehend. Wasser kann aus energetischer Sicht alles speichern. Einer, der die Lebendigkeit von Wasser bewiesen und sichtbar gemacht hat durch seine Forschungen, war Dr. Emoto. Wasser speichert Informationen und auch Gefühle, Emotionen. Wenn wir traurig sind, müssen wir oft weinen. Gestaute Emotionen zeigen sich im Körper eines Menschen oft in Blasenschwäche und Ödemen. Die Energie kann nicht mehr fließen. Wasser kühlt. Wasser ist eines der stärksten Elemente der Reinigung. Das hat bereits Kneipp bei seinen Heilungen eingesetzt. In der Heilung kann die Kraft des Elementes Wasser zum reinigen angestauter, überlagernder Energien genutzt werden, um entzündliche Prozesse im Körper (Organen, Gelenken) zu heilen, zum Beispiel auch nach Operationen, um die Wundheilung zu beschleunigen. Das hat kürzere Nachheilphasen zur Folge und erspart dem Körper so manches Medikament oder Antibiotika. Auf der emotionalen Ebene kann das Element Wasser helfen, gestaute Altlasten wieder in einen Fluss zu bringen, abfließen zu lassen, und damit zu heilen. Nehmen wir Gelenkserkrankungen. Giftstoffe, die ein Individuum mit der Nahrung und durch die Umwelt aufnimmt, werden sehr oft in den Gelenken, im Knorpel, gespeichert. Bei zu vielen Ablagerungen an Giftstoffen fangen sie an zu schmerzen, geraten außer Balance, werden unbeweglich. Gelenkknorpel haben einen hohen Wasseranteil und speichern dadurch viele Giftstoffe. Um sie zu lösen, zu reinigen und abzuführen braucht es das Wasserelement. Das kann durch Medikamente, Pflanzenextrakte oder eben direkt mit dem reinen Element erfolgen.

Das Element Luft ist in der Lage, Ungleichgewichte zu balancieren, zu beruhigen. Das Element Luft bringt die Ordnung zurück und den ganzen Körper wieder in Balance. Ob Blut,- Lymph,- oder Hormonsystem.

Das Element Erde ist vorrangig für alles "erdige", feste, materielle zuständig. Es verdichtet. Es verhilft uns und den Tieren zu einer schnelleren Heilung bei Gelenk- und Knochenproblemen oder Knochenbrüchen.

Der Kosmos und die Elemente versorgen uns ebenfalls mit einem "energetischen Antibiotikum". Wir bekommen alles zur Verfügung gestellt, auf natürlichem Weg. Das sollen nur ein paar Beispiele sein, wie uns die Elemente heilen können.

Am besten sehen wir uns ein erstes Beispiel aus der Praxis an.

Wie energetisches und elementares Heilen auch bei Beschwerden im Knochen- und Sehnenapparat des Körpers sofortige Heilung in Gang setzt

Otto. Ein hübscher junger Rottweiler. In seinen Augen steckt ein kraftvolles Wesen und auch ein Schelm, doch sein Körper schien wie bei einem alten Tier. Er war schon als Welpe sehr verletzlich und empfindlich. Bei jeder Berührung sagten seine Augen und seine Körperhaltung: "Bitte fass mich nicht an". Sein Frauchen hat das von Anfang an bemerkt und sich dennoch für ihn entschieden, weil es in seinen Augen stand. Eine starke Seelenverbindung war spürbar. Er war immer sehr ruhig, lief langsam, und schien wenig Lebensfreude zu haben. Mit ca. 6 Monaten fing er dann an zu lahmen. Das Bein und die Vorderpfote vorn rechts schienen betroffen und ihm Schmerzen zu bereiten. Sein Frauchen ist befähigt, selbst homöopathisch zu behandeln, doch die Heilerfolge waren entweder nur sehr kurzfristig oder gingen gen 0. Sie war sehr verzweifelt. Parallel dazu ging sie mit Otto zum Tierarzt und zu einer Tierheilpraktikerin. Der Tierarzt konnte keinerlei Schmerzpunkte finden, auch Röntgenbefunde haben keine brauchbaren Kenntnisse erbracht. Die Röntgenaufnahmen gingen nach Berlin zu einem Professor, doch auch hier keine wirkliche Diagnose, da nichts zu sehen war. Wöchentliche Laserbehandlungen bei der Tierheilpraktikerin taten Otto gut,

37

doch weder die Bewgungseinschränkung noch sein Gesamtzustand verbesserten sich. Auch sie behandelte homöopatisch,
doch kein Erfolg. Ottos Frauchen zog eine Tierkommunikatorin
zu Rate. Diese hatte von Otto erfahren, dass er Schmerzen im
Rücken hat. Das war schon ein Fortschritt. Mit dieser Information ging sie samt Otto wieder zum Tierarzt. Er war überzeugt,
dass die Lahmheit in der Vorderpfote niemals aus dem Rücken
kommen könnte. Seine Behandlung musste sich auf Schmerzmittel und Entzündungshemmer beschränken. Nächste Station: Ein
Osteopath. Mit den ganzen Vorinformationen. Der Osteopath
hat die Schmerzpunkte sofort gefunden am Rücken hinten und
eine Entzündung in diesem Bereich. 3 Wirbel waren ausgerenkt.
Parallel dazu bekam Otto Schmerzspritzen und zusätzlich kolloi-
dales Silber (Silberwasser). Nach 14 Tagen wurden dann die 3
Wirbel physisch eingerenkt, doch bereits nach 1 Woche waren
sie wieder ausgerenkt. Otto ging es nie wirklich besser. Was folgte waren weitere Laserbehandlungen bei der Tierheilpraktikerin
und ergänzt wurde das Ganze mit Physiotherapie. Woche um
Woche. Ein ganzes Jahr ging so ins Land. Die Zeit, die Fahrten,
ganz zu schweigen von den Kosten nahmen Ottos Frauchen sehr
mit. Eines Tages sah sie mein Auto vor der Tür stehen, als ich in
dem Laden einkaufte, in dem sie arbeitete. Sie sprach mich an,
erzählte mir in Kurzform von Otto seiner Vorgeschichte. Selbst
die Kurzform der Geschichte bewegte mich so, dass ich mich
entschied, ihn noch in derselben Woche zu behandeln. Ich entschied mich, ohne ihn persönlich gesehen zu haben oder ihn zu
kennen, eine Fernheilsitzung zu machen. Dazu habe ich mir am
Abend, als er ruhig lag nach der Fütterung, seinen Energiekörper
in die Praxis geholt und mir ein erstes Bild gemacht. In seinem
Energiekörper waren mehrere Abdrücke und gestaute Energien
an so einigen Zentren und Stellen. Auch hinten am Rücken war
eines der Chakren (Energiezentren) total blockiert. Im Gesamt-

zusammenhang zeigten sich dann interessante Gegebenheiten und die Ursache. Otto war als kleiner Welpe noch bei der Züchterin von einem hohen Tisch gefallen. Diese Information kann man im Energiefeld sehen und lesen, mit den Bildern dazu. Diese Begebenheit wurde buchstäblich unter den Tisch gekehrt. Er bekam danach nie eine Untersuchung oder Behandlung und hat diese alte Verletzung mit geschleppt durch seine Wachstumsphasen. Es war für die kleine neugeborene Seele auch ein erstes Trauma. In der Kommunikation mit seiner Seele, die bei Behandlungen ansprechbar ist, zeigte sich zudem, dass Otto seinem Frauchen einiges abnehmen wollte, da sie gerade eine schwierige Zeit durchmachte. Später im Gespräch mit ihr zeigte sich auch, was es war. Die Behandlung von Frauchen war ebenso unumgänglich. Einige Fremdenergien hatten sich eingenistet in Ottos Energiefeld, was keine Überraschung war bei dieser Vorgeschichte. Diese erste Heilsitzung hat 45 Minuten gedauert. Bereinigen der Energiestaus, der Energiezentren, die blockiert waren, die Extraktion der Ursache (das Trauma) im 2. Chakra, Extraktion der Fremdenergien und eine anschließende Illumination (Erleuchtung) des 2. Chakras. Das war eine erste Hilfe. Ich war mir sicher, dass eine deutliche Besserung eintritt, doch Otto hat das getoppt. Am nächsten Morgen bekam ich eine SMS. Er ist am Morgen zum ersten Mal auf dem Hof mit Freude rumgelaufen, die Schmerzen waren besser, die Lahmheit schon deutlich zurück gegangen. Am sichtbarsten war seine Lebensfreude. In 2 weiteren Heilsitzungen innerhalb von 14 Tagen, die ca. 30 Minuten gedauert haben, haben wir noch energetische Feinarbeit im Energiekörper gemacht. Seitdem rennt Otto schneller in den Wald und übers Feld, als Frauchen hinterher kommt. 14 Tage. Im Zeitraum von 3 Monaten nach den 3 Behandlungen haben wir die einmalige energetische Wirbelsäulenaufrichtung gemacht, die ein Reset war und die Stabilisierung des ganzen

Körpers/ Energiekörpers ermöglichte. In der Zwischenzeit habe ich ihn persönlich kennen gelernt. Ein ganz normaler, gesunder und starker Rottweiler. Ein Beispiel, welches gut aufzeigt, wie wichtig die Ganzheitlichkeit bei Behandlungen ist und die Komponente von Fremdenergien. Sie zu extrahieren kann man auf keiner herkömmlichen Schule lernen, es ist meist altes Schamanenwissen.

Traumata bei Tieren

Wie im Beispiel von Otto beschrieben, gibt es auch bei Tieren Situationen und Gegebenheiten, die Traumata setzen können. Es gehört nicht viel dazu und es geht sehr schnell, genau wie beim Menschen. Beim Menschen spielen oft Traumata eine Rolle, die in der Kindheit entstanden sind. Sie wirken am heftigsten im Erwachsenenalter. Eine Kinderseele ist sehr verletzlich. Es reichen Kleinigkeiten, die uns allgemein nicht als etwas Schlimmes bewusst sind. Diese Traumata setzen im Energiefeld einen Abdruck, der dafür sorgt, dass, wenn eine ähnliche Situation im Leben auftritt, sich dieser Abdruck aktiviert und starke Emotionen auslöst. Bei Tieren sind das oft Reaktionen von starker Angst, Appetitlosigkeit, Rückzug oder auch Aggressionen gegen bestimmte Menschen. Nehmen wir ein praktisches Beispiel, was keine Kleinigkeit ist. Viele Menschen sind bereit, Tieren aus Tierheimen ein neues zu Hause zu geben. Sie sind sich der Verantwortung, die dies mit sich bringt dabei oft bewusst. Sie übernehmen damit die Verantwortung, verletzte Tierseelen aufzunehmen. Eines Tages erhielt ich die Bitte nach einer Heilsitzung für Cherry. Eine 8- jährige Mischlingshündin, die vor ein paar Jahren aus dem Tierheim in die Familie kam. Sie war immer ein ängstliches, zurückhaltendes Tier mit Angst vor dem Halsband und hatte ein paar Probleme mit der Hüfte. Die Familie hat sich große Mühe gegeben, ihr ein liebevolles zu Hause zu geben.

Während der Heilsitzung zeigte sich, was sie erlitten hat. Sie war trächtig. Als der Zeitpunkt der Geburt kam, wurde sie mit dem Halsband an eine zaunähnliche Eisenstange kurz angebunden und sofort nach der Geburt der Welpen wurden sie vor ihren Augen getötet. Danach entzündete sich die rechte Milchleiste und sie erlitt starke Schmerzen. Das ist ein Trauma, was Cherry nie vergessen wird. Die Familie sagte, dass Cherry überhaupt keine Halsbänder mag und generell sehr vorsichtig ist bei Ausläufen. Es hat eine ganze Weile gebraucht, bis Cherry zu den Menschen Vertrauen fand. Das Trauma saß im Unterleib. Durch die Heilung dieser Wunde im Energiefeld in einer größeren Heilsitzung wurde die Erinnerung an das Trauma zwar nicht gelöscht, aber die aktive Resonanz. Dadurch kann Cherry sich dem Leben, was sie jetzt hat, besser öffnen und wieder Lebensfreude erlangen. Die Ängste lassen nach, was viel mehr Lebensqualität für sie bedeutet. Ein anderes Beispiel ist Aron, eine Dogge. Er war bereits als Welpe sehr ängstlich. Wenn es etwas lauter war oder es einen Knall gab, ganz zu schweigen von Silvesterböllern, ist Aron fast regelmäßig kollabiert. Er hatte ein übermäßig gutes Gehör, obwohl Hunde von Haus aus schon sehr gut hören. Wenn in 10 Kilometern ein Floh nieste, dann hörte er es. Er brauchte nur einen Besen sehen, verschwand er in den letzten Ecken des Hauses. Seine Besitzer, die mit großen Hunden Erfahrungen haben, konnten sich das nicht erklären. Sie hatten ihn als Welpen mit 8 Wochen geholt und ihn wie alle Hunde liebevoll in der Familie aufgezogen. Doch die Geschichte dazu ist einfach und ein Beispiel dafür, wie vorhergehende Inkarnationen auch bei Tieren im Erinnerungsspeicher und auf der Blaupause bestehen bleiben. Aron war im Leben zuvor (keine Dogge) einer Hetzjagd ausgesetzt. Mit Stöcken und Schüssen wurde er in ein Dickicht getrieben und erschossen. Der Kampf um sein Leben davor wirkte noch heute. Seine Besitzer haben von der Wirbelsäulenaufrich-

tung gehört und davon, dass diese auch Ängste mildert. Bei großen Hunden macht das ohnehin Sinn, es stabilisiert die Gelenke,
die Wirbelsäule und die empfindliche Hüfte. Bei Aron war das
Verblüffende, dass nicht nur seine Ängste verschwanden, sondern auch sein Gehör etwas gedimmt wurde dabei. Wenn es
heute irgendwo knallt, lässt er sich nicht aus der Ruhe bringen
oder schläft einfach weiter. Das letzte Silverster war kein Ver-
gleich zu den letzten Jahren. Es gibt unzählige weitere Beispiele.
Nicht immer kann alles behoben oder geheilt werden. Dann gibt
es einen größeren Plan, der dahinter steckt. Es gibt auch Fälle,
wo sich im Energiefeld ein Abdruck zeigt, der aber nicht genau
lesbar ist. In diesem Fall verbirgt die Seele des Tieres das Thema,
wie ich erfuhr auch dann, wenn etwas noch nicht bereit ist zur
Heilung oder noch Erfahrungen damit gemacht werden sollen.
Das ist beim Menschen ähnlich. Es gibt deshalb zum Beispiel
Fälle, wo der Mensch mit Trainingsmaßnahmen allein nicht mehr
weiter kommt. Resozialisierung wird schwierig. Traumata sind
ein Abdruck im Energiefeld und keine Verhaltensauffälligkeit.
Selbst wenn Training oder Resozialisierungsmaßnahmen Erfolge
bringen, die Tiere bleiben ohne Heilbegleitung schwierig oder
müssen ein Dasein im Tierheim fristen, da sie nicht vermittelbar
sind. Traumata können auch Ticks auslösen.

Wie Haustiere von den Energien ihrer Menschen und der Umgebung abhängen, was sie krank machen kann

Alles ist mit Allem verbunden. Zwischen dem Menschen und seinem Tier besteht eine starke, energetische Verbindung. Eine zart erscheinende Lichtschnur verbindet beide. Es ist fast wie eine kleine Nabelschnur. Durch diese werden von beiden "Partnern" Informationen, Gefühle und Emotionen ausgetauscht. Tiere reagieren stark auf die Gefühle und Emotionen. Sie wissen immer, auch über Entfernungen, wie es ihrem Menschen geht. Die Tiere wissen es immer, der Mensch hat es manchmal verlernt oder ist abgelenkt von seinem Verstand. Ist das Tier krank, dann leidet sein Besitzer oft sehr mit, umgekehrt fühlt das Tier genau, wenn etwas nicht stimmt. Das ist auch der Grund, warum sich Mensch und Tier immer ähnlicher werden im Laufe der Zeit. (Reptilien lassen wir hier raus, auch Kleinsttiere.) Es gibt ein Sprichwort: "Wie das Herrchen, so der Hund." Ist ein Hundebesitzer sehr aggressiv, wird auch sein Hund es sein oder werden. Ist er ängstlich, überträgt sich das auf das Tier. Ist er krank, kann auch das Tier es werden, weil unsere lieben Haustiere aus Liebe zu uns nicht selten versuchen, das geschieht auf energetischer Ebene, uns von unserem Leid etwas abzunehmen. Sie manifestieren manchmal auch Krankheiten, die beim Menschen noch nicht ausgebrochen sind oder dadurch auch nicht ausbrechen werden, jedenfalls nicht so schnell. Es gibt Tiere, die für ihren Menschen sterben. So ein Beispiel hatten wir in der eigenen Familie. Santo, unser Schäferhund, über den ich schon berichtete. Er war lebensmüde nach Maras Tod. Er hat aber viel mehr getan damit. Eines Tages im Sommer 2000 ging er gebückt, hatte keinen Hunger, lag nur auf dem Hof und wollte seine Ruhe. Unser Tierarzt kam zum Hausbesuch, untersuchte ihn, konnte aber nichts Konkretes feststellen. Ausser, dass er sehr schwach war und wenig Lebensenergie hatte. Knapp 14 Tage lang schlich sich dieser Zustand. Er wurde immer dünner. Am Abend eines Tages fiel er plötzlich und unvermittelt um, starb dann in der Nacht. Am übernächsten Tag wollten wir ihn beerdigen. Meinem Mann ging es an diesem Tag sehr schlecht. Er war blass, hatte keinen Appetit, leichte Bauchschmerzen. Santos Tod schien ihm sehr nahe zu gehen. Von einem Moment zum anderen kippte die Situation, es ging ihm so schlecht, dass ich den Notarzt und Rettungswagen rufen musste. Die Diagnose: geplatzter Blinddarm. Das war Rettung in letzter Minute. Der Zustand war schon verschleppt, obwohl er in den Tagen zuvor keine großen Beschwerden hatte. Santo hatte ihm einiges abgenommen und ist für ihn gestorben. Er hat diesen Prozeß getragen. So stehen die Dinge immer in Verbindung. Ein weiterer Punkt sind die Energien allgemein, die in einer Umgebung wie Gebäuden, Häusern und Wohnungen vorherrschen. Das Wort Herrschen trifft es in manchen Umgebungen am besten. Alles, was an einem Ort je geschehen ist, bleibt dort gespeichert. Die Energien der Ereignisse leben weiter. Das können positive Energien sein aber auch negative. Es sind die negativen, schweren Energien, die auf Dauer Probleme verursachen können. Sie können es selbst ausprobieren. Betreten Sie einen Raum, in dem vorher gestritten wurde. Nehmen Sie diese Energie einmal bewusst wahr. Im ganzen

Raum sind die Schwere und der Streit zu fühlen. Es herrscht buchstäblich dicke Luft, so dass man am liebsten sofort das Fenster aufmachen möchte. In einer Wohnung, in der oft gestritten wird, setzen sich diese schweren Energien regelrecht fest und speichern sich in diesen Raum ein. Diese schweren Energien sorgen dann dafür, dass immer mehr Negativität und Streit entsteht, da diese Energien sich auf den Zustand der Bewohner übertragen. Eine negative Spirale entsteht. Energie ist etwas Fließendes und bringt immer mehr ihresgleichen. Energie fließt immer in Richtung der Aufmerksamkeit. Deshalb ist es so wichtig, darauf zu achten, wohin man seine Aufmerksamkeit lenkt. Denkt und spricht man negativ, verstärkt sich das Negative. Denkt und spricht man positiv, verstärkt sich das Positive. In einem Raum, in dem sich über mehrere Tage, Wochen oder Monate ein Mensch mit einer Krankheit aufhält, manifestieren sich diese Energien der Schwere und des Leides. Sind die Bewohner eines Hauses oder Wohnung sehr ängstlich oder haben ständig Existenzängste, sind diese Räume stark mit der Energie des Mangels gefüllt. Es wird schwer, aus diesem Zustand heraus zu kommen, solange diese Energien die Räume beherrschen. Auch in Shops und Supermärkten sind genau die Energien zu spüren, die der allgemeinen Stimmungslage entsprechen. Probieren Sie es aus. Sie können genau erspüren, allein über die Energie, die Sie wahrnehmen, wie ein Unternehmen geführt wird. Gehen Sie mal in verschiedene Supermärkte oder Läden und nehmen Sie nur und bewusst die Energien wahr. Ich versichere Ihnen, Sie werden spüren, ob ein Unternehmen fair und respektvoll geführt wird oder nicht. Die Räume und die Energien der Mitarbeiter vor Ort strahlen genau diese Energie aus! Eine kleine Lektion in Wahrheit. Wenn Menschen anfangen, sich der sie umgebenden Energien bewusst zu werden und danach entscheiden, nur dort Geschäfte zu tätigen, wo es sich gut anfühlt, dann kann sehr viel verändert werden. Ohne Worte und Rebellion. Menschen können lächeln oder viel erzählen. Die anwesende Energie zeigt immer die Wahrheit. Das Gute: Derzeit gelingt genau das immer mehr Menschen. Viele fangen an, zu hinterfragen und zu hinterfühlen, nehmen nicht mehr alles hin. Gehen wir zurück zu den Raumenergien. Menschen und Haustiere werden ständig von den Energien, die sich in den Räumen oder auch Orten befinden, beeinflusst. Die Energie der Örtlichkeit überträgt sich auf die Energie derer, die sich darin aufhalten. Eine gründliche energetische Reinigung während und nach der Heilung ist deshalb wichtig, um die Energien wieder zu klären und/ oder auch mit positiven Energien aufzuladen. Sehen wir uns dazu noch das Beispiel von Katze Carla an. Carla lebt mit ihren Besitzern in einer Großstadt, die eine lange und schwere Geschichte hat. In dieser Stadt sind die Geschehnisse vergangener Zeiten noch sehr lebendig. Die schweren Energien des 2. Weltkrieges wirken hier immer noch in den Alltag der Menschen, ohne das die Menschen sich dessen bewusst sind. Die Energien werden jedoch auch von den Menschen in dieser Stadt am Leben gehalten durch den Drang, unbedingt die Geschichte bewahren zu müssen. Das ist einerseits gut gemeint und verständlich, andererseits werden die Altlasten damit aber am Leben gehalten und beeinflussen die Menschen im Hier und Jetzt, obwohl sie im Frieden leben. Carlas Besitzer leben etwas außerhalb der Innenstadt in einem größeren Haus, was sie renoviert haben und nun mit mehreren Generationen der Familie bewohnen. Unten im Keller befindet sich ihr Friseursalon, ein generationsübergreifender Familienbetrieb. Tagein, tagaus gehen hier Menschen unterschiedlichster innerer

Einstellungen und Gefühle ein und aus. Die Menschen bringen jeden Tag die unterschiedlichsten Energien mit in dieses Haus. In Friseursalons wird nun auch oft viel geredet und besprochen, manchmal auch geklatscht und getratscht. Klatsch und Tratsch sind die übelsten negativen Energien von allen. Nimmt man alles an Energien zusammen, ist es ein bunter Topf mit Energien, in den jeden Tag neue, andere dazu kommen. Jeden Tag. Jedes Jahr. Jahr um Jahr. Dazu das Leben der Familie mit ihren eigenen Herausforderungen. Dazu Besuche von Verwandten und Bekannten. Dabei werden sehr viele Energien abgeladen und umgewälzt. Mittendrin Carla. Katzen sind Tiere, die negative Energien der Umgebung und von Menschen besonders absorbieren. Das ist für Katzen weniger das Problem. Bei dieser Fülle an Energien jedoch ist das gesündeste Energiefeld und das stabilste Wesen irgendwann am Ende mit der Aufnahmefähigkeit. Carla ist in regelmäßigen Abständen in ihrer Gesundheit beeinträchtigt. Sie beginnt mit tränenden Augen, laufender Nase und der Zustand verschlechtert sich dann rapide. Beim Tierarzt ist es eine Prozedur an Diagnostik und Behandlung mit Medikamenten, die sich über Tage ziehen kann. Und das in regelmäßigen Abständen. So kommen in einem Katzenleben schnell Mengen an Medikamenten zusammen, die vom Körper ja auch wieder abgebaut werden müssen. Meist reicht bei Carla eine einzige Heilsitzung von einer Stunde, in der die ganzen neagtiven Energien und Elementale, die sie absorbiert hat, bereinigt werden. Danach ist sie wieder eine ganz normale, gesunde Katze. Bis zum nächsten Mal, wenn es wieder zuviel geworden ist. Nun kann es nicht das Ziel sein, Carla immer wieder in einer Heilsitzung zu reinigen und zu stabilisieren. Besser ist es in diesem Fall, das ganze Haus und den Salon regelmäßig energetisch gründlich zu reinigen und auf ein gesundes energetisches Klima zu achten. Eine gründliche energetische Grundreinigung für Wohnungen und Gebäude ist wie eine Heilsitzung. In ihr können die alten, gespeicherten Energien gereinigt und umgewandelt werden und mit neuen, positiven Energien aufgeladen werden. Natürlich laden sich die Räume wieder mit Energien durch neue Ereignisse auf, deshalb ist es gut, darauf zu achten, wie man lebt und denkt. Bei solchen Grundreinigungen können Schamanen am besten helfen. Doch auch ohne diese Möglichkeit sollte auf eine energetische Reinigung geachtet werden. Schon regelmäßige Reinigungen mittels Rauch können Wunder bewirken. Dabei ist besonders auf die Ecken und Nischen eines Raumes zu achten, auch unter und hinter Möbeln. Doch auch womit geräuchert wird, ist nicht unwesentlich. Um schwere Energien zu bereinigen eignen sich 2 Mittel am besten. Entweder **Palo Santo**, ein heiliges Holz aus den Anden oder **weißer Salbei** aus Nordamerika. Mit Weihrauch können die Räume zum Beispiel, wenn kein Schamane zur Hand ist, aufgelichtet und mit positiver Energie versehen werden. Es gibt einige gute Online- Händler, bei denen alle 3 vorrätig sind. Wichtig beim energetischen Reinigen/ Räuchern: Die Intension (Absicht). Vor dem Anzünden der Räuchermittel sollte die Absicht "Reinigung von allen schweren, negativen Energien" geäußert werden, laut oder leise. Dann ev. mit einer Feder oder ähnlichem den Rauch bis in alle Ecken der Räumlichkeiten oder auch Stallungen fächeln, Fenster geöffnet. Auch wichtig: Ruhe und Klarheit des Menschen, der reinigt. Tiere reagieren oft empfindlich auf diese Aktion, deshalb ist es von Vorteil, wenn sie sich in dieser Zeit nicht in den Räumen aufhalten. Das kann schon so einige Energien klären.

Fassen wir zusammen: Erstens hängen unsere Haustiere mit uns an einem energetischen Faden und an all unseren Gefühlen, Emotionen, zweitens werden sie durch die umgebenden

Raumenergien beeinflusst. Unabhängig, ob es geschlossene Räume, Häuser oder Orte in der Natur sind. Auch in der Natur gilt das Prinzip. An allen Orten ist die Energie der vorangegangenen Geschehnisse gespeichert. Gehen wir nun einen Schritt weiter.

Elementale des Menschen als krankmachende Ursache bei Tieren.

Das Wort Elemental setzt sich zusammen aus: Element und mental. Wie am Anfang beschrieben haben Tiere Gefühle aber keinen "Verstand". Sie leben immer mit und nach den natürlichen Gesetzen. Der Mensch hat eine mentale Kraft, er denkt. Er hat den freien Willen, der ihm auch ermöglicht, sich den natürlichen Gesetzen zu widersetzen. Und: Er besteht aus den Elementen. So passiert auf energetischer Ebene Folgendes: Durch sein SEIN und seine Gedanken **erschafft der Mensch mit jedem Gedanken (mental) ein *Elemental*.** Das heißt: Jeder Gedanke ist ein lebendiges Wesen! Durch Gefühle, die Gedanken erzeugen und Gedanken, die Gefühle erzeugen, gewinnen diese an Kraft und "Persönlichkeit". Wird ein Gedanke und Gefühl öfter gedacht/geschaffen, wird dieses Elemental ein starkes Wesen mit einem Eigenleben. Dieses trägt die Energie seines Erschaffers und die Energie, wofür und wodurch es erschaffen wurde. Die dahinterliegendenden Gefühle sind in diesem Elemental gespeichert. Diese Elementale, die ein Mensch durch seine Gedanken, Gefühle und die Art, wie er lebt, erschafft, bilden seine Lebensumstände und formen seinen Charakter. Es können so bis zu 60.000 Gedanken am Tag zusammen kommen. Wieviele davon sind positiv? Machen wir ein Beispiel. Ein Mensch, der ständig schlecht über andere Menschen redet, erschafft starke Elementale, die dafür sorgen, dass immer mehr Menschen in sein Umfeld geraten, die unlautere Absichten haben oder ihm Gründe

liefern, schlecht über sie zu denken und zu reden. Im Laufe der Zeit verfängt sich dieser Mensch in einer negativen Spirale und wird der Gefangene seiner eigenen Elementale. Die Welt um ihn herum wird immer schlechter, er sieht nur noch das Schlechte in den Menschen. Er schneidet sich damit selbst ab vom Glück, sein eigenes Leben wird immer schlechter. Der Mensch muss damit genau Das er-leben, was er selbst ausstrahlt (geschaffen hat). Die Elementale, die der Mensch erschafft sogen dafür, dass er nur das erlebt, was seiner Geisteshaltung entspricht. Diese Menschen ziehen dann wiederum Menschen, Bekannte und Freunde in ihr Leben, die genauso denken und leben. Gleiches zieht Gleiches an. Das ist ein universelles Gesetz. Jeder Mensch erschafft sich also das Leben, was ihm entspricht. Man kann an dieser Stelle sagen: "Du bist, was du denkst und fühlst." Menschen, die in ständiger Angst leben, erzeugen starke Elementale der Angst und kommen dadurch in immer mehr Situationen, die ihn ängstigen und genau die Situationen im Leben manifestieren, wovor er sich fürchtet. Die selbsterfüllenden Prophezeiungen. Angst frißt Seele, sagen die Nord- und Südamerikanischen Schamanen gleichermaßen dazu. Es geht mir nicht darum, über diese Menschen zu urteilen, doch müssen sie irgendwann in ihrer Seelenentwicklung verstehen lernen, dass sie es selbst sind, die Mauern bauen, Krieg führen und sich in eigene Gefängnisse sperren, zu denen sie selbst auch den Schlüssel in der Tasche haben. Auch benötigen negative Elementale sehr viel Energie. Diese fordern sie von ihrem Erzeuger ein. Elementale befinden sich im Energiefeld des Menschen, vom Aussehen so ähnlich wie silberne Luftballons, manche größer, manche kleiner. Sie ernähren sich von der Energie dieses Menschen. Negativ eingestellte Menschen haben dadurch weniger Energie und Kraft, sind oft müde, fühlen sich kraftlos, werden schneller krank und nicht selten stehlen sie deshalb, unbewusst, von Mitmenschen um sie herum deren Energie. Das nennt man Energievampirismus. Der Grund ist einfach: Sie brauchen für ihre negativen Elementale mehr Energie, als sie selbst erzeugen können. Das Prinzip der Elementale funktioniert auch anders herum, wenn ein Mensch positive Elementale erschafft. Und noch viel besser, weil positive Energien und Elementale eine viel stärkere Kraft haben. Lebt, denkt und handelt ein Mensch positiv, ist er anderen Menschen, Tieren, Wesen gegenüber freundlich gesinnt und gibt er sein Bestes, ein ehrliches, wahrhaftiges Leben zu führen, so wird er positive, freundliche Elementale erschaffen, die ihm dann nützlich sind und sein Leben auf wundersame Weise bereichern. Dies sind meist die Menschen, denen alles zuzufliegen scheint. Sie erreichen ihre Ziele und Wünsche einfach und ohne Mühe. An diesen Beispielen sehen wir, dass es KEINE ZUFÄLLE gibt. In der Aura eines Menschen sind seine Elementale gespeichert. Andere Menschen können diese fühlen, mach dem Motto: "Ich mag Dich"... oder "Dich kann ich nicht erriechen." Menschen reagieren sehr oft, ohne es zu wissen, über das Unterbewusstsein und ihre eigene Energie auf ihre Umgebung. Sie haben ein Gefühl in einer Begegnung und reagieren darauf. Nun ist es so: Was einmal auf energetischer Ebene erschaffen wurde, kann nicht mehr "vernichtet", sondern nur transformiert, umgewandelt werden. Deshalb gibt es einen ersten Grundsatz: "Pass auf, was Du denkst!" (...und was du dabei fühlst!) Viele Menschen haben kein Wissen mehr darüber. Sie haben es vergessen. So leben sie relativ unbewusst ihr Leben und glauben, was sie denken und fühlen, darauf kommt es nicht an oder da kann ja nichts passieren. Doch, kann. Die Haustiere der Menschen sind den

Elementalen ihrer Menschen mehr oder weniger „ausgeliefert" und werden von ihnen beeinflusst.

Sehen wir uns jetzt die Tiere an. Sie haben keine mentale Kraft und erschaffen dadurch auch keine Elementale. Sie sind und leben so, wie es die Natur für sie vorgesehen hat. In der freien Natur folgt alles dem natürlichen Plan. Bei den Tieren, die sich der Mensch als Haustiere erkoren hat, verändern sich diese natürlichen Gegebenheiten. Das Tier wird abhängig von seinem Menschen. Sowohl, was seine Versorgung angeht, als auch die Energien, in die es nun eingebunden ist. Der Vorteil, den Tiere haben, liegt in der Wahrnehmung durch ihre Sinne. Sie sind um ein Vielfaches schärfer als die beim Menschen. So spüren sie schon lange, bevor der Mensch es selber merkt, was für Energien und Ereignisse im Anrollen sind. Aber: Es gibt für sie kein entrinnen. Die Energien der Umgebung und der Menschen wirkt auf sie. Ich möchte an dieser Stelle nochmals betonen, **dass kein Mensch für sein SO-SEIN und seine Energien verurteilt wird. Alles hat seine Gründe und seine Entstehungsgeschichte, die nicht nur im jetzigen Leben dieses Menschen liegen, sondern auch auf seiner Seelenentwicklung, die wir von Außen betrachtet nie wissen können. Wir wissen nicht, was ein Mensch durchgemacht hat und was er jetzt, hier lernen will, warum er so ist oder reagiert.** In Heilsitzungen kann man nach und nach die Vergangenheit über viele Leben einsehen und entstandene Traumata heilen, doch zum gegenwärtigen Zeitpunkt sind die Dinge, wie sie sind. Reinkarnationsherapien können auch nach hinten losgehen. Selbst, als Beteiligter, die vorangegangenen

Inkarnationen anzusehen kann ich aus meiner Sicht und Erfahrung nicht empfehlen, dafür ist ein Heiler da. Er kann als Unbeteiligter sich die Dinge ansehen und ist nicht von den Emotionen beeinflusst, die dabei entstehen. Hier ist er der Mittler der Welten und der Zeit. Abgesehen davon bringt ansehen ja auch wieder nicht viel. Eventuelle Wunden müssen gelöst und geheilt, also transformiert werden. Das braucht ein paar Werkzeuge.

Zeit für ein Beispiel, welches für unzählige weitere stehen kann.

Die Katze Hanna. Hanna lebte mit ihrer Besitzerin in einem größeren Wohnblock in einer Kleinstadt. In diesem Wohnblock leben viele Menschen auf wenig Raum. Die Energien der vielen Menschen sind somit konzentriert auf kleinem Raum. Hannas Besitzerin ist Single und geht tagsüber arbeiten. Sie war oft allein in der Wohnung. Nach draußen konnte sie nie. Das ist für Katzen nicht einfach, obwohl sich Katzenbesitzer sehr viel Gedanken machen, ihrem Tier das Beste zu bieten. Man muss wissen: Die freie Natur, ohne Beton, unverfälscht, ist in der Lage, einen Körper von vielen Ablagerungen und überlagernden Energien zu reinigen und in nur 10 Minuten mit der gesamten Energie, die der Körper für den Tag benötigt, aufzuladen. In Wohnungen, die heute fast hermetisch abgeriegelt sind von dem Austausch der Elemente kommt es häufig dazu, dass sich das Element Erde ansammelt und förmlich verdichtet. Das Erdelement ist schwer und dicht. Lebewesen, die sich zu oft und zu lange in Räumen aufhalten, ohne Ausgleich der Natur und des Elementes Luft, werden phlegmatisch, müde, träge und nicht selten depressiv.

Auf das Wohlbefinden von Tieren, insbesondere Katzen, hat dieser Zustand Auswirkungen. Dazu kommt meist eine Wesensveränderung, da die natürliche Entfaltung des Wesens und seiner Energien gedrosselt ist. Katzen sind „Draußentiere". Sie haben

normalerweise ein sehr großes Territorium. Hanna ist über die Jahre, sie war mittlerweile 10, sehr ruhig und fast etwas teilnahmslos geworden. Ihr Frauchen hatte Probleme, sich selbst zu lieben und so anzunehmen, wie sie ist. Sie hatte jahrelang Elementale des Selbstzweifels und des Selbshasses erzeugt und genährt, weil sie ihr SELBST uns ihr so-SEIN, genauso wie ihre äußere Erscheinung, ablehnte. Zwischen den Beiden bestand viele Jahre eine unerklärliche Distanz. Beide lebten zwar gemeinsam in einer Wohnung, doch jeder hatte so seine Probleme.

Eines Abends ging es Hanna sehr schlecht. Ihr Frauchen wußte nicht, was los ist, hatte Angst um sie, dass sie stirbt. Auf den ersten Blick konnte man nicht erkennen, in welche Richtung es geht und was die Ursachen für diesen plötzlichen Zustand waren. Sie rief mich an und bat um Hilfe für Hanna. Da stand Hanna auch schon neben mir (ihre Seele). Ihre Worte waren: "Ich bin bereit zu gehen. Aber nur, wenn ..... es verkraftet." Das ist für mich immer ein Zeichen, dass es ernst ist. Am Abend noch holte ich mir Hannas Energiekörper um zu sehen, was wir tun können. Hanna lag auf meiner Liege und war fast vollkommen in eine destruktive Energieblase eingehüllt, die ihr ihre Lebensenergie zu nehmen schien. Sie hatte ihrem Frauchen aus Liebe soviel schwere Energien abgenommen, dass sie für sie bereit war, zu gehen. Ich begann, diese schwere Energie zu entfernen. Wir vereinbarten, dass sie noch bleibt, bis ihr Frauchen soweit ist. Ich versprach Hannas Seele, dass ich dabei helfen werde. Hanna ging es der Heilsitzung wieder besser, der Körper erholte sich und am Morgen war von dem Zustand vom Vorabend nichts mehr zu merken. Doch nun kam der Part, an dem ihr Frauchen etwas ändern (musste) wollte. Wir begannen gemeinsam, an der Selbstliebe und den Ursachen der Selbstablehnung zu arbeiten, die in der Kindheit und Schulzeit von ihr lagen. Denn nur, wenn Hannas Frauchen ihr Leben verändert und aufhört, weiter schwere Energien zu bilden, kann Heilung geschehen. Ansonsten würde der Zustand von Hanna aller paar Wochen wiederkehren und immer mehr Leid für Beide bringen. Einige Zeit hat es gedauert. Ein Leben, das Denken und Fühlen, kann man nicht in ein paar Stunden oder Tagen vollkommen ändern. Es braucht Zeit, zu erkennen und die alten Energien zu wandeln. Die negativen Elementale müssen transformiert werden und durch positive ersetzt werden. Bereits durch die Änderung der Einstellung von Hannas Frauchen wurden nicht mehr so viele negative Energien "produziert" und Hanna spürte dies. Einige Monate später war Hanna dann bereit zu gehen und ihr Frauchen stabil für den Abschied. Was für eine Lektion. Durch Hanna konnte ein Lebensweg in eine völlig neue Richtung gehen. Ein Menschenkind lernt sich und das Leben zu lieben, durch eine starke Katze. Hanna ist ein Beispiel für sehr viele tierische Leidenswege. Es passiert nicht selten, dass Haustiere plötzlich an der Schwelle zwischen Leben und Tod stehen, wenn die aufgenommenen Energien zu stark geworden sind. Es gibt aber auch schleichende Prozesse durch absorbierte Elementale. Elementale können sich in inneren Organen oder Gelenken der Tiere festsetzen. Meist beginnt damit ein langer Leidensweg, da das Wissen um Elementale, Energien und deren Verhalten in einem Organismus an keiner Universität gelehrt wird und der Schulmedizin völlig fremd ist. In 80% dieser Fälle handelt es sich um schwere Energien. Ohne die Entdeckung der wirklichen Ursache können außer dem Leid mehrere tausend Euro vergehen. Massenhafte Antibiotika- Behandlungen, Operationen und Schmerzmittel, um am Ende den geliebten Freund doch gehen lassen zu müssen. Wie im Fall von dem 8-jährigen Max. Max war ein großer schwarzer Mischlings- Rüde. Sein Frau-

chen war geschieden und lebte allein. Sie konnte den Betrug ihres Ex- Ehemannes nicht verwinden. Er wohnte in dem schönen Haus, was sich beide aufgebaut haben, mit einer neuen Frau. Sie musste ganz von vorn anfangen in einer kleinen Mietwohnung. Den ganzen Tag, und das über Jahre, dachte sie an den Betrug und "verfluchte" ihren Ex- Mann und dessen neue Ehefrau. Sie malte sich ständig aus, dass es den Beiden auch mal so schlecht gehen soll, wie ihr jetzt. Sie konnte und wollte nicht von dem alten Schmerz loslassen und begab sich in eine tiefe Vergebungs- Unwilligkeit. Um nicht so allein zu sein fing sie an, sich im Tierschutz zu engagieren und nahm aus dem Tierheim den Max mit. Max musste aus seiner Familie raus und landete im Tierheim. Zwei Seelen, gleiches Schicksal. Es findet meist zusammen, was zusammen gehört - Gleiches zieht Gleiches an. Das schien für Beide auch eine sehr gute Lösung zu sein. Max war geholfen und seinem neuen Frauchen auch. Beide haben sich schnell aneinander gewöhnt. Ein Teil von mir hat sich für die Beiden gefreut, da ich Max neues Frauchen schon eine Weile kannte aus Heilsitzungen mit ihr selbst. Außer dem Betrug hatte sie ein weiteres schweres Trauma im Laufe ihres Lebens erlitten, an dem wir bereits arbeiteten. Mit Max hatte sie einen Gefährten, der ihr helfen konnte, ihr Herz wieder zu öffnen. Doch ein anderer Teil von mir war wachsam. Wenn ein Tier als Lückenfüller angeschafft wird, kann das Probleme verursachen. Zudem hatte sie wenig Erfahrung mit Tieren. Max konnte ihr leider nicht geben, wonach sie sich sehnte. Die Unwilligkeit der Vergebung und die Flüche auf den Ex- Mann und seine Frau blieben nicht wirkungslos. Der Mensch muss verstehen, dass alles, was er aussendet, immer zu ihm zurück kommt. Im Falle von Flüchen und negativen Aussendungen sogar um ein Vielfaches. Kein Fluch bleibt je ungehört oder ohne Konsequenzen. Bei Schamanen wird dies auch "Böser Blick" genannt. Negativen gedanklichen Aussendungen liegen immer schwere Gefühle wie Wut, Groll, Hass zugrunde. Durch diese unterlegten Gedanken sendet dieser Mensch einen energetischen Giftpfeil aus, der den anderen trifft und sich in seinem Energiefeld fest setzen kann. Das werden im Laufe der Zeit sogenannte kristalline Energien, die Schmerzen im Körper verursachen können. Damit schadet der Aussender solcher Energien dem anderen und erschafft sich Konsequenzen. Diese Konsequenzen werden auch "negatives Karma" genannt. Je nach Intensität kann das über das jetzige Leben hinaus gehen. Auf jeden Fall wird sich das Leben dieses Menschen erschweren. Durch all die negativen Elementale, die Max Frauchen erschaffen hat und die Konsequenzen der Giftpfeile sind sehr schwere Lebensumstände entstanden, die Wohnung war energetisch dicht. Max konnte das nicht alles tragen. Leider war sein Frauchen nicht bereit sich zu verändern und bestand auf ihren Schmerz und die Opferrolle, in der sie sich eingerichtet hat. Eines Tages bekam Max am Morgen Durchfall, Krampfanfälle, konnte nicht mehr fressen, die Milz war vergrößert (die Milz ist die Eingangspforte für negative Energien und Elementale) und verstarb am Abend, ohne dass die Tierärztin oder ich noch helfen konnten. Max hat ihr einiges abgenommen, doch sie muss sich nun dennoch den Konsequenzen ihres Denkens und Handelns stellen und die Erfahrungen, die dadurch in ihr Leben treten, annehmen. Das Beispiel der Elementale zeigt die Verantwortung von uns Menschen und wie wichtig eine positive Lebenseinstellung ist. In allem, und sei es noch so schlimm, steckt auch ein kleiner Funke Positives. Sich auf diesen Funken zu konzentrieren macht einen großen Unterschied, was wir danach erleben, wie es weiter geht. Dies ist eine uralte Weisheit aller Natives und Schamanen der ganzen Welt, die ich aus eigenem Erleben bestätigen kann:

"Nicht das, WAS du erlebst ist entscheidend, sondern wie du auf das, was du erlebst reagierst, macht den Unteschied."

Besetzungen/ Fremdenergien bei Tieren als Ursache für körperliche Krankheiten und Wesens- veränderungen

Betreten wir nun ein "heikles Feld", was für die Einen als nicht existent gilt und den Anderen wiederum Unbehagen oder gar Angst bereitet. Die Wahrheit liegt dazwischen, im wahrsten Sinne des Wortes. Es gibt nichts zu fürchten. Achtsamkeit und Respekt sind aber immer gut. Alles hat seinen Sinn. Wenn wir uns nun in das Thema Fremdenergien / Entitäten begeben, kann es sein, dass sowohl diejenigen, die nicht galuben können, als auch diejenigen, die sich ängstigen durch die Informationen einen neuen Halt in diesem Leben finden und ihre Ängste verlieren. Diejenigen, die ohne es zu wissen davon betroffen sind, werden sich vielleicht wiedererkennen und verstehen können. Das ist die Grundlage jeder Heilung. Unter dem Begriff Heilung ist natürlich nicht die Abwesenheit von Krankheit allgemein gemeint, sondern viel mehr als das.

Für Haustiere sind die Elementale des Menschen, denen sie ausgesetzt sind, und die das Tier beeinflussen, bereits Fremdenergien. Sie machen einen Großteil meiner täglichen Arbeit aus und gehören nicht zu ihrem natürlichen Sein. Doch es gibt mehr als Elementale. Wir leben in einem höchst lebendigen Universum. Alles ist Energie, nur in unterschiedlichen Daseinsformen und sogenannten Dimensionen. Unsere menschlichen Sinne sind sehr begrenzt, bezogen auf das Ganze. Ebenso technische Geräte. Deshalb kann die Schulwissenschaft sie nicht nachweisen. Die Augen der (meisten) Menschen können nur sehen, was ihrer eigenen Schwingung und ihren Glaubensvorstellungen entspricht. Viele können nur glauben, was sie sehen, und viele Wissenschaftler nur das, was sie beweisen können. Da aber die Menschen, die die feinstoffliche Welt sehen oder wahrnehmen können und ihre Erfahrungen damit gemacht haben keine Wissenschaftler sind, bleibt nur: Eigene Erfahrungen machen und sich selbst glauben. Auch wenn wir Elektrizität nicht sehen können, funktioniert sie. So ist es auch mit der feinstofflichen Welt und höher schwingenden "Lebensformen", geistigen Welten, in denen lebendige Wesen existieren, sie aber keinen Körper dazu benötigen. Wir leben alle gemeinsam auf dieser Welt. Wir sind nie allein. In der Natur, überall, leben viele Natur- und Elementarwesen. Viele von ihnen sind nachtaktiv, aber auch am Tag sind sie präsent. Der Kosmos offenbart sich Demjenigen, der bereit ist zuzuhören. Auch wenn die meisten Menschen dieses Wissen verloren haben, bedeutet nicht, dass sie davon unberührt bleiben. Da unsere Haustiere an unseren Lebensstil angeschlossen sind, bleiben auch sie nicht unberührt davon. Naturwesen, die sich nicht respektiert fühlen oder in deren Gebiet ("Wohnung") ein Mensch eindringt, können sich sehr wohl "wehren", dem Menschen und auch seinem Tier - ich nenne es so: Eine Lektion erteilen. Machen wir ein Beispiel. Es gibt wurmähnliche Energiewesen, deren Namen ich hier nicht nennen möchte, die vor allem in Büschen, Sträuchern - sehr gern in Brennesseln - leben. Das ist quasi ihr Zuhause. Tritt ein Mensch respektlos und unachtsam in ihnen herum, zerstört er sie, oder uriniert an diese, können sie den Menschen befallen, ähnlich wie ein Parasit dies tut, nur das die Wesen keine Parasiten sind, sondern eher umgekehrt. Im Laufe der Zeit bemerkt der Mensch, dass er Probleme bekommt, zum Beispiel beim Laufen, Schmerzen in den Beinen, Schwächegefühle, geschwollene Extremitäten, Knieschmerzen, Ödeme bis hin zu wandernden Schmerzen im ganzen Körper. Auch offene Beine oder Versteifung der Kniegelenke habe ich schon gesehen, wo der Ursprung im Befall dieser Wesen liegt. An psychischen Veränderungen haben sie eher weniger Anteil, nur insofern, dass die körperlichen Probleme an den Nerven des Menschen zehren. Es sind meist sehr lange Krankengeschichten, die schulmedizinisch schwer zu behandeln sind und oft nach einer Gesundung wieder ausbrechen. Besetzungen mit Naturgeistern können beim Menschen ähnliche Symptome zeigen. Meistens Schmerzen und Probleme im physischen Körper. Für eine Heilung ist die liebevolle Extraktion der Wesenheiten nötig. Sie müssen in diesem Fall zurück zu ihrem natürlichen Ursprung und den Elementen. Ein gut zusprechen reicht nicht aus. Danach muss der Mensch sein Verhalten und seine Einstellung verändern, sonst ergibt sich bei nächster Gelegenheit der nächste Befall. Ein einfaches, unachtsames urinieren im Wald kann ausreichen für jahrelange Probleme. Es gibt allerdings Menschen, die davon öfter betroffen sind als andere. Die Wesen können sehr wohl erkennen, was ein Mensch generell in seinem Herzen und in seinem Geist trägt. Positiv gesinnte Menschen, die dringend mal "müssen" werden nicht gleich belagert. Ist ein Mensch sehr negativ ausgerichtet, respektlos und egoistisch wird es ihm eher passieren, genauso wie prinzipielle Verletzungen der Naturgesetze. Beim Thema urinieren an Büsche oder im Wald sind wir nun an der Stelle, wo unsere Haustiere wieder ins Spiel kommen. Mein Rüde Higgins ging als Welpe und Junghund sehr rüde mit Pflanzen um. Überall und an alles musste er pinkeln um es zu markieren, er riss gern Pflanzen und

Blumen raus und machte sich einen Spaß daraus. Trotzdem ich mich, wenn ich es bemerkt habe, bei den Pflanzen und Naturgeistern entschuldigt habe für sein Verhalten, blieb es nicht aus, dass auch er von diesen Wesen befallen wurde. Durch meine Entschuldigung glaubte ich, genau dies abgewendet zu haben, doch ich wurde eines Besseren belehrt. Higgins hatte in diesem rüden Alter ständig Probleme mit den Beinen, dann kurz mit der Hüfte, dann mit dem rechten Ellenbogen. Der schwerste Zustand war eine kindskopfgroße Schwellung mit Gelenkflüssig-keits- Ansammlung im Ellenbogen. Hier wurde eine Operation unumgänglich, doch danach ging es wieder von vorn los. Erst nach der 3. medizinischen Behandlung begriff ich, was passiert war. So ist das in der eigenen Familie. Betriebsblind, weil die eigenen Emotionen mitgespielt haben. Seit meinem Erkennen, der Behandlung und der Veränderung unseres gemeinsamen Verhaltens ist Higgins völlig beschwerdefrei. Wenn Hunde, und sie sind diejenigen, die am meisten betroffen sind, plötzliche körperliche Probleme haben, ohne ersichtliche Gründe lahmen, berührungsempfindlich, unruhig oder zu ruhig werden, sehe ich mir zuerst diese Thematik an.

Es gibt es unzählige Wesenheiten, mit denen wir uns diese Welt teilen, mit denen wir uns gegenseitig beeinflussen.

Eine weitere Sphäre betreten wir jetzt. Um das nächste Thema zu verstehen müssen wir noch einen Schritt weiter gehen. Kommen wir zu einem wesentlichen Bestandteil unseres Lebens. Der Tod. Leider haben die meisten Menschen Angst davor, sich mit diesem Thema zu beschäftigen, dabei liegt hierin die größte Heilung überhaupt. Da die meisten Menschen glauben, weil sie es so gelernt haben, dass das Leben einmalig und um jeden Preis zu erhalten ist, dass sie, wenn sie sterben "weg sind", haben sie ihr ganzes Leben lang Angst vor dem Tod. Ein Mensch, der jedoch Angst vor dem Tod hat, kann garnicht wirklich leben. Er braucht seine ganze Aufmerksamkeit, Zeit und viel Energie dafür, zu überleben. Er ist ständig auf seinen Körper konzentriert und die Erhaltung von diesem. Der Geist rückt in den Hintergrund. Glück und Freude sind oft nur kurze Momente. Der Rest ist Pflicht, Angst, Ärztehörigkeit und Anpassung. Und mit dieser Angst wird sehr viel Geld verdient. Gott sei Dank ist dies einer der größten Irrtümer unbewusster Menschen. Auf den voran gegangenen Seiten haben wir viel über Energie gesprochen, sie ist nicht zerstörbar. Sie kann nur gewandelt werden. Wenn Menschen sterben, sind sie nicht weg. Wenn Tiere sterben, sind sie nicht weg. Das geht physikalisch nicht. Der Körper stirbt, wenn er am Ende ist oder der "Seelenplan" des Menschen/ Tieres für DIESES Leben abgeschlossen ist. Egal, wie alt er in diesem Moment an Lebensjahren ist. Auch eine Kinderseele kann den "Plan eines Lebens" bereits in jungen Jahren abgeschlossen haben, wenn erfahren wurde, was erfahren werden wollte. Dann geht es nach Hause. In unser wirkliches Zuhause. Frei von Einschränkungen, frei von Schmerz und Angst, frei von Pflichten und Überlebenskampf. Die Erde ist eine Hochschule für Seelen. Das Bewusstsein eines Menschen/ Tieres bleibt immer erhalten, mit allen Erfahrungen, mit allem gesammelten Wissen, mit allem, was das Wesen je war, ist und sein wird. Das Bewusstsein kann nicht sterben. Es ist der energetische, feinstoffliche Teil von uns, der sich wieder in einem neuen Körper inkarnieren kann, wenn er will. Das Problem für die Menschen ist meistens, dass sie keine Veränderung mögen und an allem festhalten wollen, was sie haben (vor allem das gewohnte Leben und die Menschen, mit denen sie umgeben sind/ waren). Doch sind wir nie getrennt voneinander und sehen uns immer wieder. Ich möchte an dieser Stelle nur eine kurze und allgemeine Darstellung dieser Prozesse geben. Ich erhebe jetzt nicht den Anspruch auf eine vollständige Erklärung von Leben und Tod. Nur so viel, um das nächste Thema zu verstehen.

Dadurch, dass so viele Menschen glauben, mit ihrem Tod sei alles vorbei, erleben sie nach ihrem Übergang, wenn ihr physischer Körper gestorben ist, sie ihn sozusagen abgelegt haben, eine Überraschung. Eben diese, dass sie noch da sind und ihr Bewusstsein voll funktionsfähig ist. Tiere haben dieses Wissen instinktiv in sich. Das heißt nicht, dass sie keine Angst um die Unversehrtheit ihrer Körper haben. Durch den aktiven und festen Glauben, mit dem Tod sei alles vorbei, können manche Menschen, die sich im Übergang befinden, nicht begreifen, dass sie gestorben sind. Weil sie sich voll bewusst sind und alles erleben, so wie wir. Sie können sich bewegen, sie sehen alles, sie hören alles. Die Sinne und der Energiekörper sind nicht an das physische Gehirn gebunden. Sie können aber nicht mehr eingreifen in diese Materie hier, da ihnen dazu der Körper fehlt und die Menschen mit einem Körper viel dichter sind. Und die meisten hinterbliebenen Menschen können die feistoffliche Welt nicht sehen, wahrnehmen oder hören. Das hat seinen Sinn. In der Zeit des Menschseins geht es um begrenzte Erfahrungen in einem dichten Körper. Wir sind nicht hier, um im menschlichen Körper nach dem Universum zu greifen und Engel zu werden (die sind wir bereits!), sondern wir sind hoch entwickelte geistige Wesen, die eine Erfahrung auf der Erde, mit all ihrer Dichte und Begrenzung machen wollen. Der Tod ist die Geburt zurück in die feinstoffliche Heimat, wo wir wieder Zugang zu unserem wahren

Selbst haben, mit seiner Ganzheit. Das sei nur nebenbei erwähnt.

Kommen wir zurück zu Menschen, die verstorben sind und es
noch nicht wissen. Es sind bezogen auf alle, die den Übergang
vollziehen, doch einige, die den Weg nach Hause allein nicht
finden. Sie sind dann mitten unter uns. Um hier zu existieren,
braucht es einen Körper. Sie haben keinen. Also: Versuchen sie,
sich an einen Körper, der hier lebendig ist, anzuhaften, ihn zu
„besetzen", um von ihm mit Energie versorgt zu werden und hier
leben zu können. Meist sind es Familien- Verwandte, die sie
kennen. Aber auch Haustiere können, wenn auch in seltenen
Fällen, davon betroffen sein. Was damit einher geht für das ber-
offene Individuum, was besetzt wird, sind sofortige oder schleichende Wesensveränderungen. Der betroffene Mensch (oder
Tier) ist buchstäblich nicht mehr ganz er selbst. Das kommt da-
her, dass sich die Seele, die sich anhaftet, all ihre charakterlichen
Grundeinstellungen, Emotionen, Gefühle und auch Vorlieben
oder Süchte mitbringt, die sie zu Lebzeiten hatte. Tiere können
damit überhaupt nicht umgehen, es ist zu fremdartig. Bei starken Wesensveränderungen sollte immer eine "Bereinigung" des
Energiefeldes vorgenommen werden. Das sieht in der Praxis so
aus, dass die Seele, die sich verlaufen hat, extrahiert wird und
alle liebevolle Hilfe bekommt, die sie braucht. Sie wird ins Licht
geführt, wo sie ihren weiteren Weg fortführen kann. Mit diesem
Thema bin ich sehr oft beschäftigt und kenne es nicht nur aus
der täglichen Praxis. Ich habe es selbst am eigenen Leib erfahren, ohne damals davon zu wissen. Es begann mit einem schlei-
chenden Prozess nach einem Trauerfall in der Familie, der mich

immer mehr in meiner Persönlichkeit veränderte. Erst Traurigkeit, dann tiefe Depressionen mit permanenter Traurigkeit, Mangelgefühlen und Angstzuständen. Über Jahre. Ich bin meinen Mentoren, den Schamanen, die dies erkannten und mir halfen, unendlich dankbar für mein neues Leben. So dankbar, dass ich mich heute gern in den Dienst stelle, auch anderen dabei zu helfen, und nicht zuletzt den Seelen, die diese Hilfe brauchen. Zwei unterschiedliche Beispiele machen dieses Thema deutlich:

Ich bekam eines Tages einen Hilferuf von einer jungen Frau, die einen kleinen privaten Bauernhof hat. Den hatte sie gekauft und war dort eingezogen. Die Vorbesitzer, die den Hof erbaut hatten lebten bis zu ihrem Tod dort. Sie haben über die Jahrzehnte unendlich viel Besitztümer angehäuft, alles gesammelt, nie etwas weggeworfen. So wurde aus der Wohnung und dem Hof ein sogenanntes "Messihaus" (was ier keine Bewertung darstellt!). Die junge Frau räumte nach dem Kauf alles aus und begann zu renovieren und sich dort heimisch einzurichten. Nach einiger Zeit füllte sich das Haus und der Hof wieder mit allerlei Dingen, fast wie von selbst. Es wurden immer mehr Dinge, die keiner wirklich braucht und es sah bald wieder aus wie zuvor. Ein normales Leben wurde immer schwieriger. Sie versicherte, dass sie immer ordentlich ihren Haushalt geführt hatte, aber mit der Zeit wurde sie lustlos, war ständig müde, hatte keine Energie, ihre Lebenslust wurde immer weniger und die Probleme immer mehr. Als ich vor Ort eingetroffen war, wurde klar, warum. Die Vorbesitzer wohnten hier noch. Mit ihnen ihre Art zu leben. All die Energie der Vorbesitzer war noch gespeichert und lebendig. Alle Menschen und Tiere des Hofes waren davon betroffen. Die Kinder hatten ständig unerklärliche Ängste, die Hunde kränkelten, einer von ihnen zeigte starke Wesensveränderungen und

Aggressionen und musste vom Rudel getrennt werden, eine generelle Aggressivität lag in der Luft. Für die Vorbesitzer waren die "neuen Menschen" alle Eindringlinge in ihrer Privatsphäre. Hier gab es also viel zu klären. Das hat ca. 14 Tage gedauert. Die Vorbesitzer haben loslassen können und sich ins Licht führen lassen, die ganzen alten Energien wurden bereinigt und in eine neue Ordnung gebracht, Heilsitzungen mit den Menschen und den Hunden gemacht. Mit diesem Tag ging es für die neue Familie des Hauses bergauf. In wenigen Monaten wurde voller Elan und Energie alles Gerümpel bereinigt. Neue Lebensenergie und Lebensmut ist eingezogen. Der Hof und die Familie konnten gesunden und nun sind Visionen lebendig an diesem Ort.

Ein ganz anderes Beispiel ist das eines jungen Mädchens und ihrer Stute Linny. Das Problem war Linny. So wurde ich zumindest um Hilfe für die Stute gebeten. Ich entschloss mich für einen Hausbesuch. Die Mutter des Mädchens wusste um universelle Dinge und Zusammenhänge und bat mich, wenn ich komme, doch zuerst mit ihrer Tochter zu sprechen. Das tat ich. Ich war sehr überrascht. Das Mädchen war sehr klar, stark und offen für die Zusammenarbeit. Sie erzählte, dass Linny seit längerer Zeit komisch sei, sie ließ sich nicht reiten, war ängstlich geworden, seit einigen Wochen lahmt sie mit dem rechten Vorderbein und hat zudem Hautprobleme, obwohl sie ihr gewohntes Futter bekommt. Tierärztliche Behandlungen hätten nichts ergeben und auch heilpraktische Behandlungen helfen immer nur für wenige Tage. An der Haut bessert sich garnichts. Doch dann sagte sie: "Ich glaube, das Problem liegt bei mir." Von Außen betrachtet hätte keiner vermuten können, was da los war. Doch das Mädchen fühlte, dass etwas nicht stimmt. Sie wusste von anderen Klienten, wie ich arbeite und sah das als Change für sich. Wir machten eine Heilsitzung, in der sich das Mädchen völlig öffnete. Zu meiner Verwunderung sagte sie: "Ich glaube, dass mein Opa noch bei mir ist." Oft kann ich mit Klienten über dieses Thema nicht so offen sprechen, da sie nichts davon wissen und sie das Ganze eher beunruhigen würde. Doch für das Mädchen war es fast wie selbstverständlich. Sie ist eine hochsensible Seele mit einer sehr guten Wahrnehmung, wie viele unsere Kinder, denen keiner glaubt. Der Opa war bei einem Verkehrsunfall verunglückt. Er und das Mädchen hatten eine innige Verbindung. Sie konnten sich nicht verabschieden. Im Falle eines Unfalles ist der Tod für ein Wesen so unverhofft, dass er es nicht mitbekommt. Die Enkelin hat ein reines, leuchtendes Energiefeld (Wirbelsäule), was den Opa magisch anzog und so hat er sich mit ihr verbunden. Die haargenauen Hintergründe können wir als Außenstehende nie ganz ergründen, das ist auch nicht wichtig. Kinder haben eine sehr reine, helle Lichtsäule als Wirbelsäule, die auch mit dem Licht, in das Verstorbene eingehen, verwechselt werden kann. Die Wirbelsäule ist die Schnittstelle, an der sich fremde Wesen "andocken". Für das Mädchen brachte diese Tatsache die Beschwerden, die ich vorhin beschrieb. Sie hatte auch eine tiefe Traurigkeit in sich, ohne ersichtlichen Grund in äußeren Umständen. Doch weinen und wirklich um den Opa trauern konnte sie nie. Sie spürte eher eine latente Wut, dass er nicht mehr da ist. Hautprobleme kamen dazu und eine ständige innere Unruhe, die sie durch ihre Stärke übertönte. Die Haut reagiert bei solchen Umständen meist mit, da sie unsere Individualität schützt. Diese Individualität ist bei fremden Energien gestört und der Körper reagiert gereizt- über die Haut. In der Heilsitzung klärten wir die Abdrücke und ihre Resonanz, halfen ihrem Opa, dass er sterben und nach Hause gehen konnte. Das

Mädchen war erleichtert und sich sicher, dass jetzt auch mit ihrer Stute Linny alles wieder gut wird. Sie konnte zum ersten Mal weinen und beginnen, alles zu verarbeiten. Das Mädchen ist mit Linny gemeinsam aufgewachsen. Linny hat die Veränderung ihrer Besitzerin mitbekommen. Ich kenne keine sensibleren Tiere als Pferde, was Fremdenergien angeht. Pferde sind sehr weise, reife Seelen mit einer sehr feinen Wahrnehmung. Sehr sensible Pferde regieren auf jeden "Pups", der unberechtigt in ihrer Umgebung, Stall oder ihrem Bestitzer quer liegt. Haustiere sind der Spiegel ihrer Besitzer. Im Fall von Linny und dem Mädchen haben sich die Dinge schnell geregelt. Dem Mädchen ging es innerhalb von wenigen Tagen (Nachheilphase 4-7 Tage) bedeutend besser, sie hatte ihre Lebenslust zurück und entwickelte wirkliche innere Stärke. Mit Linny haben wir garnicht gearbeitet, auch auf ihren Wunsch. Die Hautprobleme des Mädchens gingen zurück, damit auch Linnys Probleme. Innerhalb von 4 Wochen zog Normalität in das Leben der beiden ein.

Wesensveränderungen bei Tieren, sowie einem Menschen, hängen also sehr oft mit Fremdenergien zusammen. Es passiert unmerklich am Anfang und verändert meist das ganze Leben, ohne einen ersichtlichen Grund für die Betroffenen. Mit klassischen Mitteln kann man hier wenig ausrichten. Man kann medikamentös behandeln, damit wird aber nichts geheilt, sondern die Energie und die Ursache nur unterdrückt. Tiertraining ist eine tolle Sache. Wenn es um Resozialisierung geht und darum, anerzogene, falsche Verhaltensweisen sowie Fehler in der Erziehung durch Unwissenheit zu korrigieren. Bei Wesensveränderungen durch Fremdenergien wird es allein mit Training schwierig. Sie bringen eine Trainingsresistenz mit sich. Es sind schon einige Tiere eingeschläfert worden, weil keine der Maßnahmen

Erfolg brachten und die Tiere eine Gefahr für ihre Umwelt darstellten. Starke Angstzustände eines Tieres hängen oft ebenso mit der Problematik Fremdenergien zusammen. Manche Hunde fristen unvermittelbar in Tierheimen ihr Dasein. Einen Versuch ist es immer wert. Man muss bedenken, dass Tiere eine viel feinere Wahrnehmung haben als Menschen. Sie nehmen Energien und Fremdenergien sehr genau wahr und können gut unterscheiden, was für Energien sie gegenüber stehen. Tiere können Energien praktisch sekundenschnell lesen und erkennen die Intension. Sie können auch auf Entfernungen schon die Energien eines Menschen erkennen und riechen. In Pferdeställen ist ein gutes energetisches Klima wichtig. Will ein Pferd nicht in den Stall, dann oft deshalb, weil schon was drin ist, was das Pferd nicht mag.

Hilfe durch die energetische Wirbelsäulen-begradigung/ Aufrichtung

Die Wirbelsäule eines lebenden Wesens, ob Mench oder Tier, ist eine Lichtsäule, ein Kanal, der sich weit über die physische Struktur ihrerselbst ausbreitet. Mit ihr sind Lebewesen, ob Mensch oder Tier verbunden: Mit der Erde und dem Kosmos. Sie ist (wie) ein Weltenbaum.

Das gesamte Energiesystem eines Wesens ist hier verankert. Es ist kein Zufall, dass so viele Menschen und auch Tiere Schmerzen, Probleme und Bewegungseinschränkungen in der Wirbelsäule, dem Rücken haben. Denn: Die Wirbelsäule ist der Seelenspeicher überhaupt. Alles, wirklich alles, was ein Wesen ausmacht, seine Vergangenheit, sein Ist- Zustand und das, was noch kommt, ist in diesem gespeichert. Ist die Wirbelsäule verletzt, ist es auch die Seele. In der Wirbelsäule sind Gedanken, Gefühle, karmische Aspekte, der persönliche Weg eines Individuums und auch sein Heilungspotential gespeichert. Alle Erfahrungen und Traumata, alle Konflikte, Lebensmuster, Verhaltensweisen, Glaubensvorstellungen und alle Glücksmomente. Die Wirbelsäule ist sozusagen der Erinnerungsspeicher, aus energetischer Sicht. Wird die Last, die ein Individuum trägt, zu groß, meldet das System: "Speicher voll", Nichts geht mehr. Der

Rücken wird krumm, schmerzt: Ein Aufschrei der Seele. Wie bereits angesprochen, geht es nicht nur Menschen so, sondern auch Tieren. Mit dem Zusatz bei Haustieren: Sie nehmen dem geliebten Menschen gern Probleme und Schmerzen ab. Der Zustand der Wirbelsäule ist nun aber auch verantwortlich für den Gesamtzustand des Körpers. Zum Einen das Skelett, die Bänder und Sehnen, zum Anderen aber auch alle Muskeln und Organe eines Körpers. **In der Wirbelsäule trifft Geist auf Materie.** Das zeigt, wie wesentlich die Stelle des Körpers ist. In unserer westlichen Welt und in der Schulmedizin wird die Wirbelsäule größtenteils nur anatomisch und in ihrer Funktion für den Körper gesehen. Viele Schulmediziner und Veterinärmediziner können sich einen Zusammenhang zwischen der Wirbelsäule und dem Rest des Körpers, erst recht wenn es um orgnisches geht, schwer vorstellen. Wie im Beispiel von dem Rottweiler Otto. Mit ihm haben wir die Begradigung der Wirbelsäule am Ende der Behandlungen durchgeführt. Seitdem ist er stabil. Sehen wir uns die Möglichkeiten der Wirbelsäulenbegradigung an einigen Beispielen an, bei denen sie sich bereits als hilfreich erwiesen hat (das gilt zum Einen für Menschen, aber auch in vielen Fällen für Tiere):

* Rückenschmerzen, Bandscheibenvorfälle, Skoliose, Ischiasschmerzen, Beckenschiefstände, Beinlängendifferenzen, Schulterschmerzen, Knieprobleme und Schmerzen, Kniegelenkarthrose, Schiefhals, Hüftgelenkarthrose, Morbus Bechterew, Tennisarm, Sportverletzungen, Folgen von Unfällen (wie auch im Beispiel von Otto der Sturz vom Tisch als Welpe mit all den Nachfolgen des Körpers in der Wachstumsphase), Traumata, Muskelschmerzen, Bluthochdruck, Migräne, Gleichgewichtsstörungen, Tinitus, Kiefergelenkprobleme, ungleiche Zahnreihen, Herz-

rhythmusstörungen, Atmungsstörungen, Asthma, Schlafstörungen, Angstzustände, Süchte und deren Folgen, Organbeschwerden, Folgen von körperlichen und seelischen Verletzungen. Angstzustände bei Hunden und Pferden werden deutlich gemildert. Bei großen oder dafür gefährdeten Hunden ist sie gut einsetzbar bei HD und ED. Bei überzüchteten Hunderassen können die Auswirkungen auf den Körper gemildert werden (zum Beispiel die Luftnot bei Möpsen durch die verkürzte Nase), Übergewicht wird besser abgebaut, hormonelle Stabilisierung bei Tieren, u.a.

Ebenfalls einsetzbar ist die Wirbelsäulenbegradigung beim Wobbler- Syndrom, das meist bei Hunden und Pferden auftritt. Beim Wobbler- Syndrom , von dem Pferde und einige beliebte Hunderassen, auch große Hunderassen, betroffen sein können, liegt eine Schädigung der Halswirbel u./o. der Bandscheiben, mit oder ohne Beteiligung des Rückenmarkes zugrunde. So unterschiedlich die Symptome in ihrer Ausprägung sein können, so unterschiedlich sind auch die Prognosen einer Besserung nach medizinischen Behandlungen oder Operationen. Mit der Wirbelsäulenbegradigung kann eine Besserung und eine Stabilsisierung der gesamten Wirbelsäule, auch der HWS erreicht werden, jedoch kann zusätzlich, je nach Ausmaß, ein bis zwei Vorbehandlungen, der Einsatz von energetischer Chirurgie und ev. 2 - 3 Nachbehandlungen erforderlich sein. Auch in "aussichtslosen Fällen" lohnt sich die Behandlung. Nicht selten erlebe ich Wunder. Auf jeden Fall bringt die Begradigung mehr Lebensqualität.

Bei der Wirbelsäulenbegradigung/ Aufrichtung steht uns eine der höchsten Kräfte des Universums für unsere Heilung zur Verfügung. Sie passiert in sekundenschnelle und ist ein Reset. In einem einzigen Termin von 30 Minuten bis 1 Stunde. Die Begradigung ist sofort nach der Behandlung messbar. Sie kann bei

Kindern bereits eingesetzt werden und auch bei Tieren im Welpenalter.

Die positiven Folgen der Wirbelsäulenbegradigung: Ein Reset. Die natürliche Ordnung wird wieder hergestellt. Der Beginn einer Neuschöpfung. Die positiven Auswirkungen der Wirbelsäulenaufrichtung gehen weit über die Korrektur von Beinlängen und Beckenschiefständen hinaus. Das gesamte System wird stabilisiert, physisch wie auch psychisch. Harmonie in Körper, Geist und Seele. Ablegen und Befreien von Lasten, Aktivierung der Selbstheilungskräfte, Lösen von Energieblockaden, Anregung des Stoffwechsels, Entgiftung des Körpers, Aktivierung des Immunsystems, Harmonisierung des Kreislaufes, bessere Durchblutung, Korrektur von Haltungsschäden, der Alterungsprozess wird verzögert, Abbau von Ängsten, positivere Lebens- Grundhaltung, ruhigerer Schlaf, höhere Konzentrationsfähigkeit, geistige Klarheit, der Abbau von Suchtmechanismen wird unterstützt. Ein Termin, der einmalig ist und immer lohnt.

Die Natur und ihre Gesetzmäßigkeiten - Die Verant-wortung des Menschen

Die Natur kreiert nichts ohne Grund. Alles hat seine Bedeu-tung. Der ganze Kosmos basiert auf den gleichen Eckpfeilern der heiligen Geometrie. Vom Großen bis zum kleinsten Detail. Die gleiche heilige Geometrie, die das ganze Universum hervor-bringt, findet sich in jedem Stern, Planeten, der Erde, im Wasser, jeder Blume, in jedem Baum, in jedem Stein, vom kleinsten Tier bis zum Menschen, also allem Lebendigen wieder. In jedem noch so kleinsten Detail, genau wie im Menschen selbst, befindet sich der gesamte Kosmos. Alles ist mit Allem verbunden. Nichts und Niemand ist getrennt davon. Das ist die Natürlichkeit und das Heilige, was in jedem von uns fließt. Der einzige Unterschied zwischen all den Dingen, die existieren, einschließlich der leben-digen Wesen, Tiere und Menschen, ist ihr Schwingungszustand und Bewusstseinsgrad, ihre Individualität und die Erfahrungen, die jedes/ jeder sammelt und gesammelt hat. Auch ein Stein hat Erfahrung. Eine ganze Menge sogar, denn Steine und Mineralien sowie Kristalle, sind Speicher von Energien und Erfahrungen. Die Steine waren die ersten, die unseren Planeten besiedelten, sie kennen die gesamte Geschichte des Planeten. Jede Veränderung eines kleinsten Details hat Auswirkungen auf alles andere, da Alles mit Allem verbunden ist. Im Universum gibt es keinen

Begriff wie groß oder klein. Alles IST, und alles ist gleichwertig. Der Mensch ist der Einzige, der in diese natürlichen Gesetzmäßigkeiten eingreift, sie beurteilt, verändert und sogar seine eigene Nahrung vergiftet. Das würde keinem Tier in den Sinn kommen. So hat der Mensch sich selbst abgeschnitten von Natürlichkeit und Gesundheit mit seinen Selbstheilungskräften. Er hat sich so von der Natürlichkeit entfernt durch sein experimentieren und verändern, dass er den Ursprung nicht mehr kennt. Ein Mensch, der ein gesundes, glückliches Leben führen möchte, kommt nicht umhin, sich wieder mit der Natur, den Naturgesetzen, den Elementen und deren ausgefeilter Einfachheit zu verbinden. Er muss die Lebendigkeit wieder spüren, die Verbundenheit, das Heilige in Allem. Achtsamkeit und Respekt sind Voraussetzungen dafür. Wenn man eine "Generalregel" für das Leben als Mensch aufstellen möchte, dann kann man dies in einem Satz zusammenfassen: "Pass auf, was du denkst, sei achtsam und respektvoll und prüfe, wie du mit Dingen umgehst." Also: Zurück zur Einfachheit und Natürlichkeit (Wahrheit). Wenn wir uns Tiere anschaffen und sie damit aus ihrer natürlichen Umgebung herausholen, oder wie heute üblich, sie züchten für ein Zusammenleben mit uns, dann tragen wir damit auch die Verantwortung. Das gelingt nicht immer, weil viele Menschen eben die natürlichen Gesetze nicht mehr kennen oder keine Kenntnis mehr besitzen, wo der Ursprung und die Heimat ihrer Tiere war. Durch Globalisierung kann heute jeder alles haben. Einige Zuchtexperimente mit Tieren sind gründlich in die Hose gegangen. Beispiel: Katzen. Sie sind ursprünglich Wüstentiere. Sie haben von Natur aus Fell. Sie fangen Kleintiere wie Mäuse, mit denen sie ihren Hunger und gleichzeitig den Durst stillen. Da manche Menschen Menschen Allergien haben, die ihren Ursprung bei ihnen selbst haben, werden Katzen ohne Fell, also

Nacktkatzen gezüchtet, die dann oft noch mit Trockenfutter gefüttert werden.

Was das für das einzelne Tier bedeutet, darüber sind sich die Menschen, die so ein Tier anschaffen, überhaupt nicht bewusst. Es ist für diese Tiere eine Qual! Es sind Menschen, die vielleicht sogar Petitionen gegen Walfang unterschreiben und sich über die Walfänger aufregen, sie als Tierquäler beschimpfen und nicht selbst in den Spiegel sehen möchten. Damit heiße ich nicht Walfang gut, es dient nur als Bespiel. Die Überzüchtung von Hunden. Möpse. Sie leben aufgrund von menschlichem Schönheitsempfinden ein ganzes Leben mit Atemnot und Asthma. Das sind nur zwei Beispiele. Dabei belassen wir es auch. Damit sollte Schluss sein. Ich gebe zu bedenken, dass Alles mit Allem verbunden ist und jedes Detail Auswirkungen auf alles Andere hat. Menschen, die sich an solchen Veränderungen an Spezies beteiligen, ob durch Zucht oder Kauf, werden selbst den Preis irgendwann zahlen. Denn: Es gibt eine zweite Regel im Universum: Das Gesetz der Balance. Alles gleicht sich irgendwann wieder aus, auf welchen Wegen auch immer. Das gebe ich zu bedenken. Es gibt immer mehr Menschen, die sich Gedanken machen um eine bessere Welt. Das ist gut so. Doch ist das Unterschreiben von Petitionen und Kampf gegen etwas nicht wirkungsvoll. Im Gegenteil. Es bedeutet Kampf. Und Kampf bringt noch mehr davon. Energie fließt in Richtung der Aufmerksamkeit. Besser ist es, mein Tipp für alle, die wirklich etwas verändern wollen: Träume die Welt in dein Dasein, die dir gefällt. Diese Menschen können ganz viel bewegen, wenn sie etwas von ihrer Zeit opfern, sich zu Hause oder in der Natur still hinsetzen, in eine Art Meditation gehen und in ihren lebendigen bildhaften Gedanken und Gefühlen die Veränderungen, die sie haben wollen, vor ihrem geistigen Auge wie ein Kinofilm ablaufen lassen. Genau in dem Moment fangen die Dinge an, sich zu verändern, da Gedanken und Gefühle lebendig sind, und sie zeitgleich in das Verbundnetz des Kosmos eingespeist werden. Klingt einfach, ist auch so. So einfach kann man was bewegen. Im Übrigen auch für das persönliche Leben. Es ist der gleiche Mechanismus.

Die Verantwortung des Menschen, der Haustierbesitzer beginnt bei der Auswahl des passenden Tieres und der Information über das Wesen dieses Tieres. Fehlentscheidungen können viel Leid mit sich bringen, für beide Partein. Die natürlichen Lebensumstände und vor allem bei Hunden auch die rassespezifischen Merkmale sind wichtig bei der Entscheidung. Kann ich dem Tier das bieten, was es braucht, was seinem Wesen entspricht? Habe ich genügend Zeit? Und vor allem: Kann ich es artgerecht ernähren? Das bringt uns zum nächsten Thema:

Die richtige Ernährung von Haustieren

Da Haustiere von uns abhängig sind, tragen wir eine grosse Verantwortung für ihre Ernährung und Versorgung. Die richtige Ernährung ist für eine artgerechte Haltung und die Gesundheit des Tieres viel wichtiger, als man auf den ersten Blick glaubt. Sehen wir uns das Thema aus energetischer Sicht an. Lebensmittel sind Energielieferanten, sollten es zumindest sein. **Lebens-Mittel.** Die in Nahrungsmitteln enthaltene Energie entscheidet maßgeblich darüber, wie ein Körper mit Energie versorgt wird und wie gesund und resonanzfähig ein Energiefeld ist. Nahrung trägt Information. Erinnern wir uns: Alles ist lebendig. Die Zufuhr von gesunden, energiereinen Nahrungsmitteln sorgt für eine Balance der einzelnen Energiefelder, die wiederum die Information mit dem Bauplan des Körpers enthalten. Wir sehen: Es ist entscheidend für die Gesundheit und Funktionsfähigkeit eines Lebewesens. Das gilt auch für den Menschen. Viele industriell hergestellte Produkte und Nahrungsmittel enthalten nur noch sehr wenig Energie, Vitamine und Mineralstoffe. Durch den westlichen Trend der Supermärkte und Großproduzenten wird auch ein weiterer wesentlicher Teil guter energetischer Nahrung mißachtet. Die Produkte kommen von überall auf der Welt. Sie wachsen in Teilen der Erde, zu denen heimische Wesen/ Körper, ob Mensch oder Tier, energetisch wenig Resonanz hat.

Dazu muss man wissen, dass ein Körper mit seinem Energiefeld in die natürlichen energetischen Prozesse der Umgebung, wo er lebt, förmlich eingewoben wird. Es gibt im Energiefeld ein

Organ, was für die Anpassung zuständig ist. Ein physischer Körper ist Bestandteil des ökologischen, biologischen Gefüges einer ganzen Region. Nichts ist voneinander getrennt. Alles ist miteinander verwoben zu einem Ganzen. Mit seinen ganz eigenen Rhythmen. Die Elemente und die Impulse der Sonne mit einbezogen. Die Energie und das biologische Gefüge ist nirgendwo gleich. Deshalb ist eine Ernährung mit Nahrungsmitteln aus der jeweiligen Region die beste. Ca. 40 km Umkreis ist so eine ungefähre Größe. Die Sonnenpulse für die physischen Körper und der Nahrung, die in dieser Region wächst, stimmen gut überein. Warum wohl haben heute immer mehr Menschen und Tiere Verdauungsprobleme und Unverträglichkeiten? Weil die Energien der Körper mit denen der zugeführten Nahrung nicht mehr überein stimmt. Genau genommen sind Energien so fein abgestimmt, dass „eigentlich" hier in Deutschland kein Mensch oder Tier Bananen oder andere Früchte/ Gemüse essen sollte, die nicht hier wachsen. Und das Ganze auch Saisonbedingt. Natürlich will heute Niemand mehr auf die weltweite Vielfalt verzichten. Darum geht es mir auch nicht. Zum Verständnis der natürlichen, kosmischen Prozesse ist es jedoch gut zu wissen. Viele Menschen leiden an starkem Vitamin- und Mineralstoffmangel, entgegen der Berichterstattung von „Profis" in den Mainstream-Medien.

Nun zu den Haustieren.

Pferde leben meist bei Menschen, die sich gut auskennen. Die Entscheidung für ein Pferd wird nie leichtsinnig getroffen, schon aus Kostengründen. Pferde können nicht in der Wohnung leben und im Supermarkt gibt es für sie kein Futter.

Bei Katzen und Hunden ist es schon anders. Dadurch, dass es in jedem Supermarkt massenweise Tierfutter gibt, werden manchmal auch Entscheidungen für ein Tier getroffen, die unter anderen Umständen vielleicht anders ausgefallen wären. In Zeiten, die ich noch kenne, wo es im Handel kein Fertigfutter gab, hat sich Jeder, der sich ein Tier anschaffen wollte genau Gedanken machen müssen, ob er die Möglichkeit und die Zeit hat, sich um die richtige Ernährung des Tieres zu kümmern. Mein großer Kindheitstraum war ein Neufundländer. Doch war es nicht so einfach, an genügend Frischfleisch zu kommen und auch der Kostenfaktor war nicht so einfach zur damaligen Zeit. Heute ist es so einfach und ich sage bewusst billig, aber nicht besser für das Tier. Das Füttern von Trockenfutter für Tiere kann man in etwa so vergleichen, als ob sich ein Mensch 365 Tage im Jahr von Tütensuppen ernährt. Und das Jahr für Jahr. Das Geld, was für frische Lebensmittel gespart wird, wandert später in die Kasse der Kranken- und Pharmaindustrie. So ist es auch bei der Fütterung von Trockenfutter. Ich setz mich nun sicher in Nesseln, doch es ist ein zu wichtiges Thema, als das ich es auslasse. Das Füttern von Trockenfutter nutzt der Industrie und der Veterinärmedizin. Es ist einfach nicht artgerecht. Trockenfutter ist industriell hergestellt, Massenproduktion. Ob extrodiert oder kaltgepresst, beides ist nicht optimal. Im handelsüblichen Trockenfutter aus dem Supermarkt, was wenig Kosten verursacht, sind eben auch kostengünstige Rohstoffe drin. Katzen und Hunde sind Fleischfresser. Ihr gesamtes Verdauungssystem und ihr Stoffwechsel sind darauf abgestimmt, von Natur aus. Katzen sind sogar noch empfindlicher für Trockenfutter, weil sie als Wüstenseelen in ihrer energetischen Anlage, wenig trinken. Sieht man sich die Zutatan für Trockenfutter an, so besteht es meist aus bis zu (65%) - 70% aus Kohlehydraten wie Mais, Reis oder Kartoffel. 15% pflanzliche NEBENerzeugnisse, 15% "Fleisch", das heißt in den meisten Fällen: Schnäbel, Hufe, Fischmehl (Abfall) und tierische NEBENerzeugnisse. In kostenaufwändigerem Futter sind etwas mehr Fleischanteile dabei, 30% - 60%. Bei 90% Fleischbedarf bei Fleischfressern. Selbst bei "gutem" Futter vom Tierarzt ist auf der Verpackung im Kleingedruckten zu lesen: 63% Maismehl. Durch industrielle Herstellung werden zudem den Inhaltsstoffen sämtliche Nährstoffe und Vitamine entzogen, durch die Hitze und Verarbeitung. Diese müssen künstlich wieder hinzugefügt werden. Alles andere als natürlich! Auch wenn ich persönlich auf ein gutes Trockenfutter gestoßen bin, was dem Trockenfutter gutes Fleisch und natürliche Vitamine zuführt, ist es nicht optimal. Wenn Tierbesitzer die Einzelzutaten für das Fertigfutter auf einem Tisch einzeln liegen sähen, wären sie entsetzt. Unsere Haustiere werden immer kränker und leben immer kürzer. Eine Dogge, die gut 12-15 Jahre alt werden könnte, lebt heute durchschnittlich 6-8 Jahre. Dosenfutter/ Naßutter ist nicht trocken, aber die Zutaten sind nicht anders. Viele Hautprobleme, Organerkrankungen, Gelenkbeschwerden, Übergewicht, Diabetes bei Haustieren rühren von falscher Ernährung mit Trocken- und Fertigdosenfutter. Wird ein Tier in der Ernährung von diesen Futtermitteln auf natürliche, frische Kost umgestellt, braucht es in der Regel erst einmal eine Entgiftungskur für den Körper.

Was gehört zu artgerechter Ernährung von Hunden und Katzen? Frischfleisch und ein paar Zutaten. Die Ernährung meiner Hunde ähnelt heute noch der vor 40 Jahren. Aber es gibt doch ein paar Unterschiede, da sich Etwas sehr verändert hat. Dazu später mehr.

Wie bereits erwähnt, waren unsere Tiere ihr Leben lang gesund. Das alte Rezept von damals: Frischfleisch, eine kleine geraspelte Möhre, 1 Ei, eine Messerspitze Futterkalk, ein Teelöffel Lebertran und ein paar wenige Haferflocken, auch mal eine Restkartoffel vom Tisch. Einmal in der Woche wurde das Fleisch vom Metzger geholt, in einem Eimer. Dann kam es in den "Erd-kühlschrank". Im Garten wurde extra dafür eine kleine Grube ausgehoben, der Eimer hineingelassen und abgedeckt. Natürlich fing das Fleisch an zu riechen, aber umso besser schmeckte es den Hunden. Und gesund ist es auch für sie. Gut, zugegeben, das mache ich heute nicht mehr. Es ist für mich als Vegetarier ohne-hin eine Herausforderung. Doch mit Hamstern habe ich es nicht so. Unsere Hunde bekommen abwechslungsreiche Kost. Und JA! Sie machen auch mal eine Brathänchenkur (ohne Haut). Und JA! Amy bekommt auch mal ihren Kuchen. Und JA! Einmal im Monat ist „Feiertag". Da gibt's einen Napf voll mit Makkaroni und Jagd-wurst, der in 10 Sekunden eingeatmet wird.

Eine gute, artgerechte Ernährung von Hunden und Katzen sind   rohes Rindfleisch, Pansen, Blättermagen vom Rind oder Schaf, viel Geflügel, Möhre oder Zuchini , Eierschalenmehl, Le-bertran oder Fertig- Mixe an Ölen mit Omega 3/6/9, Ei, natürli-che Vitamine und getrocknete Kräuter. Für die Gelenke bei Hun-den ein natürliches Zusatzpräparat. Bei großen Hunderassen ist die Gelenkpflege ab dem Welpenalter sehr wichtig. Es empfielt sich kurweise oder ein Produkt, das lebenslang zugefüttert wer-den kann. Dazu regelmäßig mal einen Rinderknochen für die Zahngesundheit. Haferflocken bekommen unsere Hunde heute nicht mehr. Sie leben bei uns im Haus. Fressen sie Haferflocken, wird die Luft hier drinnen sehr dünn. Es ist insgesamt etwas mehr Aufwand, der schnell zur Routine wird, auch ist es in den Kosten etwas höher. Hier teile ich die Meinung der Barfer nicht, dass es nicht teurer ist. Doch ist es das wert. Die Hunde haben eine ganz andere Energie, fressen macht Spaß und gesund sie sie auch. Bei Katzen gilt das Gleiche. Am besten fangen Sie ihr eine Maus. Wenn nicht, dann kommt man bei Katzen mit frischem Hackfleisch gut an, dazu auch hier eine kleine Messerspitze Eierschalenmehl, ein paar getrocknete Kräuter und das wars schon. Geflügel nach Wahl. Ich möchte keine einzige Variante des Frischfütterns hervorheben. Es kommt am Ende auf das Tier und seine Individualität an. Ob die Fütterung von rohem Fleisch oder gekocht muss jeder selbst entscheiden über die Vorlieben des Tieres. Beides ist auf jeden Fall besser als Industrienahrung, Trockenfutter und handelsübliche Dosen. Es gibt mittlerweile gute BARF- Shops, in denen sowohl Fleisch als auch alle Zutaten und Nahrungsergänzungen für Hunde und Katzen erhältlich sind. In jedem Fall sollte die Umstellung der Fütterung sanft und "schleichend" erfolgen, nicht aprubt. Der Organismus des Tieres muss sich langsam wieder auf seine Natürlichkeit umstellen. Klingt fast absurd.

Wichtig bei einer gesunden Ernährung oder Ernährungsumstellung ist eine vorherige gründliche Information. Stellt man das Futter eines Tieres auf artgerechte Ernährung um, ist es wichtig, sich mit den Zusatzstoffen und Ergänzungsmitteln zu befassen. In einer guten Tierarztpraxis, bei Heilpraktikern gibt es Hilfe, im Internet gibt es gute Shops, doch bitte gründlich informieren (nicht in Blogs!) Mangelerscheinungen können starke Auswirkungen auf den gesamten Organismus, den Knochenbau, aber auch auf den energetischen Zustand eines Tieres haben. Das gilt ebenso für den Menschen. Vitamine und Mineralstoffe sind nicht nur für den Organismus wichtig, sondern auch für den energetischen Zustand eines Körpers. Der Lichtkörper braucht eine ausgewogene, dem Individuum entsprechende Zufuhr an Nahrungsmitteln und Vitaminen. Nahrung wird im Körper in

Energie gewandelt. Diese versorgt die einzelnen Energiekörper. Damit erhält er seine Kraft und benötigt sie ausserdem, um seine Resonanzfähigkeit aufrecht zu halten. Menschen und auch Tiere, die an einem Mangel an ausgewogenen Vitaminen und Mineralstoffen haben, sind auch energetisch mangelversorgt, werden schnell müde, fühlen sich schlapp, meist schon 2 Stunden nach dem Aufstehen früh. Sie können die Energie, die sie brauchen, nicht halten und verlieren sie schnell wieder, wenn sie sich "aufgeladen" haben. Am schnellsten wird es an der Haut und den Haaren beim Menschen, und bei Tieren an Haut und Fell sichtbar.

Die Grenze aller Heilmethoden / Sterben und Tod von Tieren

Die Verantwortung des Menschen ist groß, wenn er ein Tier betreut. Sie kann oft schmerzvoll sein, wenn der Moment kommt, an dem es gilt, loszulassen, freizugeben. Oft sind wir Menschen hilflos und überfragt, wenn es unserem Tier nicht mehr gut geht. Wir wollen, dass es nicht leidet und gleichzeitig fargen wir uns: Haben wir genug getan? Muss ich nun abwarten, dass mein Tier geht oder kann und darf ich eine Entscheidung treffen, das Leiden zu beenden. Dabei gehen uns so viele Gedanken im Kopf herum, unsere Gefühle verwirren uns, das wir kaum noch fähig sind, eine klare Entscheidung zu treffen. So geht es zumindest Menschen, die eine sehr enge Verbindung zu ihrem Tier haben. Nicht zuletzt ist es heute so, dass die moderne Veterinämedizin alles bietet, auch an Apparatemedizin, chirurgischen Eingriffen und Medikamenten, was uns Menschen zur Verfügung steht. Bei unseren Haustieren sind lebensverlängernde Maßnahmen genauso möglich, wie bei uns. Wenn Haustiere bereit sind, zu gehen, dann können sie auch leicht gehen. Schwer wird es dann, der Sterbeprozess verlängert sich enorm, wenn das Tier Angst um seinen Besitzer hat, weil es spürt, dass dies für ihn ein Trauma ist. Diesen Fall hatte ich leider mit meiner Seelengefährtin Denise am eigenen Leib erlebt. Sie hat sich für eine letzte große Lektion für mich zur Verfügung gestellt und dabei selbst viel ertragen. Was mir sehr geholfen hat, war die Lektion von Mutter Erde. Die Grenzen der Heilung sind gegeben, wenn die Naturgesetze das Leben eines Körpers nicht mehr tragen. Man muss sich dann fragen: Wenn das Tier in der freien Natur leben würde, könnte es dort überleben, für sich noch sorgen? Wäre es schnell genug, Angreifern auszuweichen? Hat es genügend Ausdauer und Lebensenergie? Was passiert in der Natur mit Tieren, die schwach sind? Sie ist darauf ausgerichtet, dass der Stärkere gewinnt. Was würde mein Tier in der freien Natur jetzt tun? Bei Denise musste ich zu der Erkenntnis kommen, dass sie sich wahrscheinlich in ein Unterholz zurückgezogen und ihren Tod erwarte hätte. Sie konnte nicht mehr selbst laufen, kam mit den Hinterbeinen nicht mehr hoch. Sie hätte mit der Nahrungsaufnahme und dem Trinken aufgehört, was sie auch zu Hause schon tat, und wäre eingeschlafen, weil sie instinktiv wusste, dass das Ende für dieses Leben gekommen ist. Oder sie wäre einem Jäger zum Opfer gefallen. Geblieben ist sie nur wegen mir. Ihr Energiefeld war schon sehr schwach, schon mehr in der anderen Welt. In der Heimat ihrer Seele. Sie hätte aus Liebe zu mir noch viel ertragen, doch ich entschied mich für sie für den sanften Hinüber-Schlaf in die Arme ihrer Seele. Es ging alles sehr schnell. Auch wenn wir nun wissen, dass mit dem Tod des Körpers nichts vorbei ist, ist es ein Moment, dem einige Wochen folgen, in dem wir bewusst trauern dürfen. Die Gefühle, das Mitfühlen und Emotionen machen uns als Mensch aus. Das bewusste, zeitgleiche erleben der Trauer und der ganzen Gefühle ist sehr wichtig, sonst wird es im Menschen vergraben, bildet schwere Energien, die sich später entladen. An dieser Stelle möchte ich noch gezielt auf das Thema Tumore und deren Heilung zu sprechen kommen. "Bösartige" Tumore, die den Tod zur Folge haben können, können geheilt werden oder auch nicht.

Bei manchen mag dies gelingen, bei anderen wiederum bedeutet es unweigerlich den Tod. Warum? Es ist bei den Haustieren wie beim Menschen: Tumore sind eines der letzten Mittel einer Seele. Entweder, weil das Leben, so wie es gerade ist, so nicht weiter gehen kann, es muss Veränderung stattfinden oder es ist DAS Mittel, was eine Seele gewählt hat, um diese Welt verlassen zu können, praktisch nach Hause gehen zu dürfen. Ist der Tumor da, um auf eine radikale Veränderung der Lebensweise (auch Denkweise) hinzuweisen, allerdings nicht optional, sondern wirklich, dann ist der Tumor heilbar. Ist er da als Weg, um zu gehen, dann ist er nicht heilbar. Bei älteren Haustieren sollte man deshalb einmal mehr überlegen, ob man ihm aufwändige Operationen noch zumutet. Manchmal ist es sinnvoller, das Tier gehen zu lassen und ihm vorher mit auf den Weg zu geben, dass es sich "meldet", ob es wieder kommen möchte und Impulse zu geben, wo wir Menchen es finden.   Also führen lassen. Dieser Mensch, sofern es dies will, sollte dann nicht gleich in den nächsten 14 Tagen losziehen, sich ein neues Tier zu holen, sondern auf den Impuls warten. Das kann 3 Monate oder länger dauern. Alle Zweifel raus aus dem Kopf, ins Vertrauen gehen, gut und beobachtend fühlen. Wie gesagt: Es gibt keine Zufälle. Zu guter Letzt, was den Tod von Haustieren angeht: Leben 2 oder mehrere Tiere zusammen in einem Haushalt ist es wichtig, dass das unbeteiligte Tier den Tod des anderen mitbekommt. Es versteht dann und sucht seinen Gefährten nicht. Das Tier, was hier bleibt, trauert auch, aber nichts ist für diese Tiere schlimmer, als nicht zu wissen, wo der andere ist.

Nachwort

Das Zusammenleben mit Tieren ist etwas Wunderbares. Haustiere bringen Freude und Glück in ein Haus und in das Herz von uns Menschen. Sie lehren uns Einfachheit und Freude, Mitgefühl und das Leben im Hier und Jetzt. Für unsere Tiere gibt es nur das Jetzt. Sie kümmern sich nicht um die Vergangenheit und haben keine Angst vor der Zukunft. Wir können sehr viel von ihnen lernen, wenn wir uns mit ihnen im Jetzt- Moment bewegen. Machen wir es ihnen gleich. Öffnen wir unsere Herzen, leben wir im Jetzt, lassen wir jeden unserer Gedanken zu einem liebevollen Gedanken wandeln. In einem liebevollen Miteinander, dass verzeihen kann. Ein Leben aus und mit dem Herzen. In Allem, sei es auch noch so schlimm, ist immer ein kleiner Funke an Schönheit und etwas Gutem. Konzentrieren wir uns auf das Gute sowie die Schönheit, dann werden diese stärker. Mögen Sie und ihr Tier immer gut getragen sein in Liebe, Gesundheit und der Schönheit des Lebens.

Wir leben jetzt in einer Zeit großer Veränderungen. So, wie es schon Milliarden Jahre passiert, dass die Erde sich verändert und neue Spezies hervorbringt, stehen wir gemeinsam, alles Lebendige auf dieser Welt, wieder vor einem Evolutionssprung. Wir entwickeln uns zu einer neuen Spezies. Einem höherentwickelten Menschen. Vom Homo Sapiens zum Homo Luminus. Wenn man sich in der Welt umsieht, im Kleinen wie im Großen, dann hat man man das Gefühl, es ist eher umgekehrt. Alles scheint zu degenerieren. Doch genau das sind auch die Vorzeichen. Bevor eine neue Ordnung und etwas Neues entstehen kann, ist das Chaos am größten. Aus Chaos werden neue Sterne geboren. Die Erde als lebendiges Wesen erhebt sich in eine höhere Schwingung und alles, was auf ihr lebt, geht mit (oder von ihr). Aus dem Kosmos fließen immer höhere Schwingungen auf die Erde ein und lichten alles auf. Ähnlich, wenn im Keller Licht angeschaltet wird und die Ecken ausgeleuchtet werden. Das hat zur Folge, dass das, was im Verborgenen war, jetzt ans Licht kommt, um gewandelt und geheilt zu werden. Das ist bei jedem einzelnen Menschen so, sowie global in Wirtschaft, Politik, Natur. Unsere Tiere bleiben davon nicht unberührt. Sie sind mittendrin. Auch sie verändern sich. Ihre Schwingung erhöht sich. Mensch und Tier rücken wieder näher zusammen, so, wie es vor tausenden von Jahren schon einmal war. Aber nun auf viel höherem Niveau. Diese Zeit des großen Überganges ist für uns alle eine Herausforderung. In jedem Menschen beginnen persönliche Prozesse des Wachstums, alte Konzepte funktionieren nicht mehr. Wir stehen vor neuen Herausforderungen, Zum Beispiel unserer Art zu leben, unserer Art der Ernährung, des Miteinanders - ein Leben aus dem Herzen will sich sich durchsetzen. Das, wofür wir wirklich hierher gekommen sind, möchte sich zeigen dürfen. Die Gaben, Talente, die jeder Mensch hat, wollen einen kreativen Ausdruck finden. Weg vom materiellen Denken und kämpfen, um Miete zahlen zu können, hin zu den wesentlichen Dingen: Mit dem, was man am besten kann, dienen und einen Rückfluß erleben, Dinge mit dem Herzen und mit Liebe tun, Frieden, Freiheit, Familie, Freudschaften und Partnerschaften, die sich bereichern durch gemeinsames Wachstum auf der Ebene des

Geistes und des "Schöpfertums". Im Einklang mit der Natur. Alles und Jeder, der sich gegen die Veränderungen sträubt, stoppt seine Entwicklung selbst und bekommt es zu spüren, in der einen oder anderen Form. Das kann sich in Krankheiten im Körper zeigen, in psychischen Zuständen und dem Zusammenbrechen bisher gewohnter Lebensabläufe.

Schließen wir also die Augen, fühlen in uns hinein und fragen uns jeder persönlich: Was will ich wirklich? Was brauche ich wirklich? Was gibt mir hier und jetzt in dieser Welt ein Gefühl von:

„Das ist der Sinn meines Lebens". Und füllen wir dann gemeinsam diese Welt mit unserem Sinn und unseren Sinnen.

Munay sonqo (Liebe im Herzen)

Weitere, umfagreiche Informationen unter:

www.shamananka.de

Und demnächst in einer weiteren Pubikation, die ganz dem
Menschen gewidmet ist.

Zeitfracht Medien GmbH
Ferdinand-Jühlke-Straße 7
99095 Erfurt, Deutschland
produktsicherheit@kolibri360.de